《国家教育事业发展第十二个五年规划》

学习辅导读本

中华人民共和国教育部 编

教育科学出版社

·北 京·

目　　录

教育部关于印发《国家教育事业发展第十二个五年规划》的通知

教发〔2012〕9 号

各省、自治区、直辖市教育厅（教委），各计划单列市教育局，新疆生产建设兵团教育局，部属各高等学校：

为贯彻落实《国家中长期教育改革和发展规划纲要(2010—2020 年)》和《中华人民共和国国民经济和社会发展第十二个五年规划纲要》，现将《国家教育事业发展第十二个五年规划》印发给你们，请结合实际情况认真贯彻执行。

教育部

二〇一二年六月十四日

国家教育事业发展
第十二个五年规划

目　　录

（三）完善教育与经济社会结合的制度

（四）完善民办教育制度

（五）建设现代学校制度

（六）创新教育家办学制度

（七）完善教育行政管理制度

（八）健全省级政府教育统筹制度

（九）建立健全教育标准和绩效评价制度

（十）健全教育督导制度

（十一）改革考试招生制度

五、调整人才培养与供给结构

（一）加快培养经济社会发展重点领域急需
紧缺人才

（二）扩大应用型复合型技能型人才培养
规模

（三）建立人才培养与供给结构调整机制

六、扩大和保障公平受教育机会

（一）加快发展学前教育

（二）推动义务教育均衡发展

（三）大力发展中等职业教育

（四）提高特殊教育的保障水平

（五）切实保障进城务工人员子女就学

（六）完善学生资助政策

七、提高人才培养质量

（一）建立教育质量评价体系

（二）加强和改进德育工作

（三）落实教学改革重大举措

（四）加强创新人才培养

（五）完善教育质量保障机制

八、促进区域、城乡教育协调发展

（一）服务国家区域发展总体战略

（二）加快缩小区域教育发展差距

（三）推动民族教育加快发展

（四）统筹城乡教育发展

（五）加强内地与港澳台地区的教育交流与合作

九、实施教育对外开放战略

（一）开展多层次、宽领域的教育交流与
　　　合作

（二）提高我国教育的国际影响力

（三）提高服务国家对外开放能力

十、建设高素质专业化教师队伍

（一）加强和改革教师教育

（二）深化教师管理制度改革

（三）鼓励优秀人才长期从教、终身从教

（四）实行教师全员培训制度

为全面实施《国家中长期教育改革和发展规划纲要（2010—2020 年)》（以下简称《教育规划纲要》）和《国家中长期人才发展规划纲要（2010—2020 年)》，依据《中华人民共和国国民经济和社会发展第十二个五年规划纲要》（以下简称《国家"十二五"规划纲要》），特制定本规划。

一、发展环境

"十一五"以来，我国教育改革发展成就显著，教育事业发展主要目标全面实现，有力支撑了国家战略目标的实现，为"十二五"时期教育改革发展奠定了坚实基础。教育普及水平显著提高，免费九年义务教育全面普及，职业教育发展实现重大突破，高中阶段教育毛入学率超过80%，高等教育毛入学率达到 26.5%，高等教育大众化水平和人才培养质量进一步提升，继续教育进一步发展。高等学校科技创新与服务能力进一步增强，国家科技三大奖中一半出自高等学校，人文社会科学领域三分之二成果由高等学校完成。教育公平迈出重大步伐，民族地区教育快速发展，城乡和区域教育差距缩小，国家助学制度进一步完善，进城务工人员随迁子女、农村留守儿童、残疾学生受教育权益得到更好保障。教育发展的基础更加坚实，教育投入明显增加，教师队伍建设取得新进展，一大批学校面貌焕然一新。语言文字工作得到进一步加强。教育改革开放呈现新格局，素质教育不断推进，义务教育经费保障机制不断完善，义务教育教师绩效工资制度开始实施，教育国际合作交流全面推进。教育事业发展推动我国人力资源开发水平迈上新台阶，职业教育和高等教育输送了近 6000 万名毕业生，15 岁以上人口平均受教育年限达到 9 年，有知识有文化的年轻一代成为新增劳动力的主体。我国教育实现了从人口大国向人力资源大国的转变，迈上由大到强的历史新征程。

专栏1　教育事业"十一五"时期主要成就

	2005 年	2010 年	比 2005 年提高
学前教育：			
学前三年毛入园率（%）	41.4	56.6	15.2
义务教育：			
小学毕业生升学率（%）	98.4	98.7	0.3
初中毛入学率（%）	95.0	100.1	5.1
初中三年巩固率（%）	92.8	93.8	1.0
初中毕业生升学率（%）	69.7	87.5	17.8
高中阶段教育：			
毛入学率（%）	52.7	82.5	29.8
在校生（万人）	4031	4671	640
其中：普通高中	2409	2427	18
中等职业教育	1600	2232	632

	2005 年	2010 年	比 2005 年提高
高等教育：			
毛入学率（%）	21.0	26.5	5.5
在学总规模（万人）	2300	3105	805
其中：普通本专科	1562	2232	670
研究生	98	154	56
成人本专科	436	536	100
高等学校科技创新：			
普通高等学校获得授权的专利数（项）	7399	43153	35754
高等学校科技成果获国家奖数（项）	143	198	55
15 岁以上人口平均受教育年限（年）	8.5	9.0	0.5
新增劳动力平均受教育年限（年）	10.9	12.7	1.8

2010 年，党中央、国务院召开了新世纪第一次全国教育工作会议，发布了《教育规划纲要》，指明了教育事业科学发展的方向，描绘了教育改革发展的宏伟蓝图。全国上下积极贯彻《教育规划纲要》，相继启动实施一系列国家教育体制改革试点和重大教育工程项目，完善了公共教育投

入的保障机制，出台了若干重大教育政策，各级党委政府更加重视教育，社会各界更加关心支持教育，广大教职员工以更加饱满的热情投身于教育事业，开启了教育改革发展全新的历史篇章。

"十二五"时期是全面建设小康社会的关键时期，是深化改革开放、加快转变经济发展方式的攻坚时期，也是贯彻落实《教育规划纲要》的关键五年。教育改革与发展面临着前所未有的机遇和挑战。

从现代化建设的要求看，经济社会发展对教育和人才的需求发生了深刻的变化。以加快转变经济发展方式为主线，推进经济结构战略性调整、建立现代产业体系，推进资源节约型、环境友好型社会建设，迫切需要进一步提高劳动者素质，调整人才培养结构，增加应用型、技能型、复合型人才的供给。面对当今世界的大发展大调整大变革和科技创新的新突破，迎接日益加剧的全球人才、科技和教育竞争，迫切需要全面提高教育质量，加快拔尖创新人才的培养，提高高等学校的自主创新能力，推动"中国制造"向"中国创造"转变。把保障和改善民生作为加快转变经济发展方式的根本出发点和落脚点，全面加强社会建设，迫切需要进一步完善基本公共教育服务体系，更加有力地推进教育公平。深化文化体制改革，推动社会主义文化大发展大繁荣，加强社会主义核心价值体系建设，迫切需要全面加强青少年思想道德教育，充分发挥教育的文化传承创新作用，增强我国文化软实力和中华文化影响力。总之，推进社会主义现代化，科技是关键，人才是核心，教育是基础。

从教育发展看，我国已进入了加快建设教育强国和人力资源强国的历史新阶段。到 2020 年要基本实现教育现代化，基本形成学习型社会，进入人力资源强国行列，必须在"十二五"时期奠定坚实的制度基础、人才基础和条件基础。教育要发展，根本靠改革。推进教育科学发展迫切要求把重大教育制度的改革创新作为着力点，改变一切不利于教育科学发展的观念和体制机制，积极引领教育的变革和转型。教育要发展，关键在人才。提高教育现代化水平迫切要求把加强教师队伍建设摆在教育工作全局的突出位置，切实加强教师专业化建设，培养和造就一批杰出的教育家。教育要发展，条件是基础。办一流教育、出一流人才迫切需要加大对关键领域和薄弱环节的投入，不断提高各级各类学校信息化、现代化水平，增强教育的发展实力，为建设教育强国奠定坚实的物质基础。

　　人力资本投资是回报率最高的投资，往往能改变一个人、一个家庭的命运，也是促进就业、增加收入的根本所在，事关人民福祉。教育投入是支撑国家长远发展的基础性、战略性投资，必将加倍回报于经济社会发展。教育关系国计民生，关系民族未来。"十二五"时期，必须坚定不移地实施科教兴国战略和人才强国战略，克服当前教育存在的突出问题和困难，推动教育优先发展、科学发展，使教育更加符合建设中国特色社会主义对人才培养的需要，更加符合广大人民群众对教育的殷切期望，更加符合时代发展的潮流。

二、指导思想、主要目标和基本思路

（一）指导思想

高举中国特色社会主义伟大旗帜，以邓小平理论和"三个代表"重要思想为指导，深入贯彻落实科学发展观，贯彻落实党的十七届五中、六中全会和全国教育工作会议精神，贯彻落实国家教育、人才和科技规划纲要，全面贯彻党的教育方针，以科学发展为主题，以适应加快转变经济发展方式要求、创新和完善中国特色社会主义教育发展道路为主线，大力实施科教兴国战略和人才强国战略，加快建设人力资源强国，为全面完成《国家"十二五"规划纲要》目标任务服务，为全面实现《教育规划纲要》提出的宏伟目标奠定具有决定性意义的基础。

按照"优先发展、育人为本、改革创新、促进公平、提高质量"的工作方针，把育人为本作为根本要求，把促进公平和提高质量作为重点任务，以改革创新为动力，以优先发展为保障，以重大发展项目和改革试点为抓手，坚持尊重规律、科学发展和依法治教的原则，正确把握和处理好优先发展与服务全局、促进公平与注重效率、扩大规模与提高质量、整体推进与分类指导、立足国情与面向世界、改革发展与维护稳定等重要关系，力争在关键领域、薄弱环节和社会关注的热点难点问题上取得突破，推动教育事业在新的起点上实现科学发展，更好地服务于加快转变经济发展方式和人的全面发展。

（二）主要目标

"十二五"时期教育改革发展的总体目标是：全面提高教育服务现代化建设和人的全面发展的能力，为到 2020 年基本实现教育现代化，基本形成学习型社会，进入人力资源强国行列奠定坚实基础。主要目标是：

1. **教育事业发展目标**。基本普及学前一年教育，农村学前一年毛入园率达到 80% 左右，城镇和经济发达地区农村基本普及学前三年教育，基本解决"入园难"问题。义务教育巩固率达到 93%，农村义务教育阶段学校标准化率达到 50% 以上，基本实现远程教育班班通，实现县（市）域内义务教育初步均衡。基本普及高中阶段教育，毛入学率达到 87%。职业教育和普通教育协调发展，职业学校专业实训基地达标率达到 80%。高等教育毛入学率达到 36%，毕业生就业率进一步提高，一批学科进入世界前列。义务教育阶段新增教师具备高一级学历的比例达到 85% 以上。完成新一轮教师全员培训，全面提高现有教师的专业能力。

2. **教育体系和制度建设目标**。初步建成体现终身教育理念，以政府办学为主体，公办教育和民办教育共同发展，基本适应建设现代产业体系和加强社会建设需要的中国特色社会主义现代教育体系。覆盖城乡的基本公共教育服务体系基本建立，现代职业教育体系基本形成，高等教育和继续教育体系更加完善。教育体制更富活力，教育体制改革试点取得阶段性成果，教育制度创新取得重要突破，人才培养的体制机制更加适应社会主义市场经济的要求。建立起较为完善的保障教育优先发展的投入体制，2012 年财政性教育经费占国内生产总值的比例达到 4%，并保持稳定增长。教育法制更加完善。学校和教师的积极性、创造性得到进一步调动和发挥，形成全社会理解、支持和参与教育改革发展的氛围。

3. **教育支撑经济发展和科技创新目标**。人力资源开发对经济发展的促进作用显著增强。人才培养结构调整取得重大进展，应用型、技能型、复合型人才的培养比重明显提高，初步建成与现代产业体系相适应的技术技能人才培养强国。新增劳动力平均受教育年限达到 13.3 年左右，主要劳动年龄人口中受过高等教育的比例达到 15% 以上。进城务工人员通过多种方式受到基本职业技能培训。从业人员的继续教育参与率达到 40% 左右。高等学校若干领域的科学研究水平达到或接近世界先进水平，取得一系列重大理论和科技创新成果，解决国家重大科技问题的能力显著提高，发明专利授权数大幅增加。高等学校成为国家知识创新、技术创新、国防科技创新、区域创新的重要基地。

4. **教育服务社会和文化建设目标**。城乡之间和东中西部之间教育发展差距显著缩小，义务教育择校问题明显改善，人民群众对教育公平的满意度显著提高。进城务工人员随迁子女在公办学校接受免费义务教育的比例达到 85% 以上。形成覆盖城乡的职业教育培训体系，在促进就业和改善民生方面发挥更大作用。教育资助和保障体系基本覆盖到所有困难群体，保障水平不断提升。青少年健康素质不断提高，贫困地区儿童营养状况有较大改善。基本构建起大中小幼有效衔接，学校教育、家庭教育和社会教育有机结合的德育体系，社会主义核心价值体系教育不断深入，为实现社会主义文化强国的战略目标作出新贡献。

	2010 年	2015 年
学前教育：		
幼儿在园人数（万人）	2977	3700
学前一年毛入园率（%）	81.7	90.0
学前两年毛入园率（%）	70.9	75.0
学前三年毛入园率（%）	56.6	65.0
九年义务教育：		
在校生（万人）	15220	16100
巩固率（%）	89.7	93.0
高中阶段教育：		
在校生（万人）	4671	4500
其中：中等职业教育	2232	2250
毛入学率（%）	82.5	87.0
高等教育：		
在学总规模（万人）	3105	3350
在校生（万人）	2922	3080
其中：研究生（万人）	154	170
毛入学率（%）	26.5	36.0

14

	2010 年	2015 年
继续教育：		
从业人员继续教育（万人次）	18500	29000
人力资源开发：		
新增劳动力平均受教育年限（年）	12.7	13.3
其中：受过高中阶段及以上教育的比例（％）	67.0	87.0
主要劳动年龄人口平均受教育年限（年）	9.6	10.5
其中：受过高等教育的比例（％）	10.5	15.0
具有高等教育文化程度的人口数（万人）	11964	15000

（三）基本思路

"十二五"时期教育改革发展的基本思路是：更新教育观念，坚持改革创新，抓好工作落实，提升基础能力，促进协调发展，服务国家战略。

更新教育观念。树立全面发展的观念和人人成才的观念，面向全体学生，促进学生成长成才；树立多样化人才观念，不拘一格培养人才；树立终身学习观念，为学生的全面发展奠定基础；树立系统培养观念，推进各级教育有效衔接，教学、科研、实践紧密结合，学校、家庭、社会密切配合；树立科学的质量观，尊重教育规律和学生身心发展规律，坚持德育为先，能力为重，全面实施素质教育，培养德智体美全面发展的社会主义建设者和接班人。

坚持改革创新。适应经济社会发展对人才培养的需求，以人才培养体制改革为核心，着力推进国家教育体制改革试点，完善现代教育体系和国家基本教育制度，系统推进管理体制、办学体制、学校制度、招生考试制度、投入保障机制改革，实施教育对外开放战略，为《教育规划纲要》的实施提供坚实有力的制度保障。

抓好工作落实。推进目标落实，将长期目标落实到今后五年的目标，将总体目标落实到分领域的目标，将全国目标落实到不同区域的目标。推进投入落实，完善教育经费保障制度，落实增加教育经费的各项政策，提高经费使用效益。推进项目落实，稳步推进各项重大发展项目和改革试点项目，确保取得成效。推进政策落实，优先解决人民群众当前最关心、社会反映最强烈的问题，办好让人民满意的教育。

提升基础能力。完善公共教育财政体制，实施重大工程项目，加强教育基础能力建设、教师队伍建设、教育科研能力建设，加快建设服务全民学习、终身学习的教育公共服务平台，形成支撑教育现代化、服务国家现代化的人才和物质基础。

促进协调发展。按照建设现代国民教育体系和终身教育体系的要求，积极发展学前教育，巩固提高义务教育，加快普及高中阶段教育，大力发展职业教育，全面提高高等教育质量，加快发展继续教育，支持民族教育、特殊教育发展。特别是加大对中西部地区、农村地区、边远贫困地区和民族地区教育的支持力度，加强学前教育和职业教育等薄弱环节，努力实现区域城乡和各级各类教育的协调发展。

服务国家战略。将服务加快转变经济发展方式的要求和理念贯穿到教育工作全局。进一步发挥教育人才培养、科学研究、社会服务和文化传承创新的作用，大力调整人才培养结构，扩大紧缺人才特别是技能型、应用型、复合型人才培养规模，着力提升人才培养质量。提升高等学校基础研究和高技术领域创新的能力。推进区域教育发展与国家区域发展、城镇化战略的紧密结合。发挥国民教育在文化传承创新中的基础性作用，让学校成为优秀文化传承的重要阵地和思想文化创新的重要源泉。

三、构建更加完善的教育体系

围绕经济社会发展需要，加强关键和薄弱环节，着重健全基本公共教育服务体系，建立现代职业教育体系，完善高等教育体系，推进继续教育体系建设。到 2015 年，形成更加完善的中国特色社会主义现代教育体系。

（一）健全基本公共教育服务体系

完善基本公共教育服务。按照基本公共服务普及普惠的要求，巩固城乡免费九年义务教育，促进义务教育均衡发展；基本普及高中阶段教育，重点加强中等职业教育；

基本建立"广覆盖、保基本、多形式、有质量"的学前教育体系，重点发展农村学前教育。完善进城务工人员随迁子女、家庭经济困难学生和残疾学生的教育保障政策体系。基本建成服务全民的教育信息与资源共享平台。推广和规范使用国家通用语言文字，提升语言文字应用能力，推进语言文字规范标准和信息化建设。根据经济发展和教育发展水平、群众意愿，不断提高基本公共教育服务的总供给水平。探索多样化提供形式，积极引入竞争机制，完善基本公共教育服务的供给体制。

建立基本公共教育服务体系评价机制。研究制定基本公共教育服务体系监测与评价指标体系。以九年义务教育巩固率和高中阶段教育毛入学率为重点，开展对地方落实《国家"十二五"规划纲要》目标、推进基本公共教育服务体系建设情况的监测评价，引导地方加快完善基本公共教育服务体系，不断提高服务水平。

促进基本公共教育服务均等化。推动各级政府将基本公共教育服务均等化作为全社会基本公共服务均等化评价的核心指标。探索建立地方政府基本公共教育服务均等化能力评价体系，研究建立以基本公共教育服务均等化为导向的公共教育财政体制和分配方式。政府一般性转移支付向基本公共教育服务倾斜，重点扶持薄弱地区、薄弱学校、困难群体，努力让广大人民群众共同享有更加均等化的基本公共教育服务。

（二）建立现代职业教育体系

完善职业教育体系结构。编制"现代职业教育体系建设规划"，按照遵循规律、服务需求、明确定位、系统思考、整体设计、分类指导、分步实施的原则，完善职业教育的层次、布局和结构，健全制度、创新机制、完善政策，加快形成服务需求、开放融合、有机衔接、多元立交，具有中国特色、世界水准的现代职业教育体系框架，系统培养初级、中级和高级技术技能人才。

加强职业教育内部的有机衔接。遵循技术技能人才成长规律，打通和拓宽技术技能人才成长、成才通道。坚持面向人人、面向社会，实行学校职业教育、企业职业教育和社会化职业教育并举，学历职业教育与非学历职业教育并重，全日制职业教育与非全日制职业教育共同发展，促进职业教育办学类型和学习形式的多样化。完善中等和高等职业学校的布局结构，明确中等和高等职业学校定位，在各自层面上办出特色、提高质量。中等职业教育重点培养现代农业、工业、服务业和民族传统工艺振兴需要的一线技术技能人才；高等职业教育重点培养产业转型升级和企业技术创新需要的发展型、复合型和创新型的技术技能人才。完善高等职业教育层次，建立高级技术技能人才和专家级技术技能人才培养制度。积极推进中等和高等职业教育在人才培养目标、专业结构布局、课程体系和教材、教育教学过程、信息技术应用、人才成长途径、教师培养培训、行业指导作用、校企深度合作和教育评价改革等方面的衔接。统筹职业预备教育、职业教育和职业继续教育。建立开放沟通的职业教育学历、学位和职业资格证书制度，以工学结合、学分认证为基础，创新学习方式，积极推进学历证书和职业资格证书"双证融通"。鼓励有条件的地方和行业开展现代学徒制试点，企业根据用工需求与职业学校实行联合招生（招工）和培养。

促进职业教育与经济社会发展有机结合。着力推进政府主导、行业指导、企业参与的办学机制建设，落实各方主体责任；大力推行校企合作、工学结合、顶岗实习的人才培养模式，创新职业教育人才培养体制；完善政产学研的协作对话机制，推进行业企业全过程参与职业教育；积极探索多元主体合作共赢的集团化办学机制。充分发挥劳动力市场对人才培养的引导作用，根据产业需求优化专业结构，促进职业教育与劳动力市场的开放衔接，推动职业院校面向市场自主办学。加强行业指导能力建设，有效发挥行业在建立健全行业人才需求预测机制、行业人才规格标准和行业职业教育专业设置改革机制等方面的指导作用。鼓励各地、各行业从自身实际出发，实行多种形式的产教结合和校企合作，促进职业院校的专业设置与产业布局对接、课程内容与职业标准对接、教学过程与生产过程对接、学历证书与资格证书对接、职业教育与终身学习对接。建立职业教育与产业体系建设同步协调制度，实现职业教育体系与现代产业体系、公共服务体系的融合发展。

加强职业教育与普通教育、继续教育的相互沟通。建立"学分银行"，完善学分互认、累积制度，探索同一层次普通学校和职业学校之间的课程互设、学分互认、学生互转的机制，推动应用型本科课程进入职业院校。鼓励开放实训基地、示范专业、名师名课、精品课程等职业教育资源，为各类学生提供职业教育课程和技能培训。适度扩大高等职业学校单独招生试点规模，扩大应用型普通本科学校招收中等职业教育毕业生规模。建立社区和职业教育联动机制，鼓励职业院校探索社区化办学模式，满足社区群众多方面、多层次的教育需求。有效整合多种教育资源，统筹城乡、区域职业教育协调发展。切实加强面向农村的职业教育，推进职业教育、基础教育和成人教育三教统筹、农科教结合。

**专栏3　改革职业教育办学模式和构建现代
职业教育体系试点**

建立健全政府主导、行业指导、企业参与的办学体制机制，创新政府、行业及社会各方分担职业教育基础能力建设机制，推进校企合作制度化。开展中等职业学校专业规范化建设，加强"双师型"教师队伍建设，探索职业教育集团化办学模式。开展民族地区中等职业教育"9＋3"免费试点，改革边疆民族地区职业教育办学模式和人才培养体制，加快民族地区、经济欠发达地区中等职业教育发展。开展地方政府促进高等职业教育发展综合改革试点。探索建立职业教育人才成长"立交桥"，构建现代职业教育体系。

（三）完善高等教育体系

优化高等教育宏观布局结构。将高等教育作为科技第一生产力和人才第一资源的重要结合点，加快建设一流大学和一流学科。以重点学科建设为基础，继续实施"985工程"和优势学科创新平台建设，继续实施"211工程"和特色重点学科项目。按照国民经济布局和城镇化体系建设要求，完善中央部属高等学校和重点建设高等学校的战略布局，加强区域高等教育中心建设，形成与国家生产力布局和社会发展需要相衔接的高等学校布局结构。

推进高等学校有特色、高水平发展。坚持稳定规模、优化结构、强化特色，走以质量提升为核心的内涵式发展道路。探索建立科学的高等学校分类体系，推进《普通高等学校设置暂行条例》的修订工作，研究制订核定普通高等学校规模暂行规定。调整和完善高等教育宏观政策，引导高等学校合理定位，办出特色。为高等学校创造开放、公平、有序竞争的发展环境，使各类高等教育都能涌现出一批有特色的一流学校。

支持地方高等教育发展。制定实施"十二五"高等学校设置规划，根据地方经济社会发展需要与支撑能力，优化地方高等学校布局结构。推动地方各级政府加大对高等教育的投入，促进区域内高等学校与企业、科研院所、社区的紧密结合，中央各项工程计划加大对办学有特色的地方高等学校的支持。进一步落实对地方所属行业特色高等学校的支持政策。

改进研究生培养体系。有序推进学科设置权下放，取消对研究生院设置的行政审批，优化研究生培养的布局结构。积极发展专业硕士研究生教育，开展专业硕士培养模式改革试点，探索科教结合、产教结合的培养模式；面向重大科技专项需求，开展工程博士培养试点，逐步形成学术学位和专业学位均衡发展的研究生培养体系。

加强高等学校创新服务体系。加强高等学校重点学科、科研创新重点基地、重大科技基础设施建设和创新团队建设，实现科技创新和人才培养能力的跃升。建设一批综合性国际联合研究中心、前沿技术实验室和区域创新中心。按照"需求导向、全面开放、深度融合、创新引领"的原则，实施高等学校创新能力提升计划，组建一批国家协同创新中心，探索协同创新长效机制。深入实施高等学校哲学社会科学繁荣计划，启动哲学社会科学基础研究中长期重大专项，加强人文社会科学重点研究基地建设。以重大现实问题为主攻方向，组织开展全局性、战略性、前瞻性问题研究。实施高等学校"数字人文"建设计划，加快哲学社会科学领域的学科体系、理论和方法创新。鼓励高等学校开展战略决策咨询研究，瞄准国家经济社会发展重大问题，建设服务政府决策的智库。深化高等学校科研体制改革，推进重点学科基础研究改革试点，加快科研组织创新，促进科技教育资源共享，完善以科研成果质量和贡献为评价导向的激励机制。

发挥高等学校文化传承创新作用。创新文化人才培养模式，实施高端紧缺文化人才培养计划。将中华优秀文化和世界优秀文明成果融合到教学和学术创新活动中。建设一批高等学校文化创新平台。实施学术文化工程，加强对优秀传统文化思想价值的挖掘和阐发，积极研究吸收世界优秀文化，推出一批对文化传承创新具有重大影响的标志性成果。

专栏4　高等学校创新能力提升计划

按照国家急需、世界一流的原则，充分发挥高等学校多学科、多功能的优势，以学科为基础，以改革为重点，以创新能力提升为突破口，建立一批相对独立、集人才培养和解决重大问题为一体的协同创新平台，构建多元、融合、动态、持续的协同创新模式与机制，推动知识创新、技术创新、区域创新的战略融合，培养一批拔尖创新人才，形成一批具有国际重大影响的学术高地、行业产业共性技术研发基地、区域创新发展的引领阵地和国家创新团队的主力阵营。

专栏5　适应经济社会发展需求，改革高等学校办学模式试点

推进高等学校与地方、行业、企业合作共建，探索中央高等学校与地方高等学校合作发展机制，建设高等教育优质资源共享平台，构建高等学校产学研联盟长效机制。发挥行业优势，完善体制机制，促进行业高等学校特色发展，培养高水平专门人才。完善来华留学生培养体制机制，扩大留学生招生规模。探索高水平中外合作办学模式，培养国家紧缺的国际化创新人才，建立具有区域特色的国际教育合作与交流平台，完善中外合作办学质量保障机制，提高中外合作办学水平。加强内地高等学校与港澳知名高等学校合作办学，探索闽台高等学校教育合作交流新模式。

（四） 推进继续教育体系建设

把发展继续教育作为建设学习型社会的重要战略举措。在全社会树立终身学习的理念，在终身学习框架内推动各级各类学校教育教学改革，加强对学习者学习兴趣和自主学习能力的培养。统筹学历、非学历的继续教育，大力发展面向社区、农村、中西部和民族地区的继续教育，加强经济社会发展重点领域紧缺专门人才的继续教育，形成"广覆盖、宽领域、多层次"的继续教育体系。

充分发挥现代信息技术在继续教育中的作用。以卫星电视、互联网为载体，联合高等学校、行业企业和社会组织，整合继续教育资源，建设开放、共享的继续教育服务平台，充分发挥大众传媒继续教育功能，努力为全体社会成员提供各种不受时间和空间限制、高质量的教育和学习服务。

发展多样化的继续教育机构。继续办好学校继续教育机构，发展社会化职业培训机构，以广播电视大学为基础建设开放大学，大力建设社区教育中心，完善自学考试制度，办好老年教育机构，形成覆盖城乡的继续教育网络。以企事业单位、政府机关、专业组织为重点推进学习型组织建设，建成一批示范性学习型组织。

制定和完善继续教育发展政策。推动各级政府成立跨部门继续教育协调机构。研究起草推进终身学习的法律法规。制定各领域继续教育发展规划。推动各级政府、行业和企事业单位加大对继续教育的投入。建立继续学习成果认证、学分积累和转换制度，促进不同类型教育之间的衔接和沟通，搭建通过各种学习途径成才的"立交桥"。

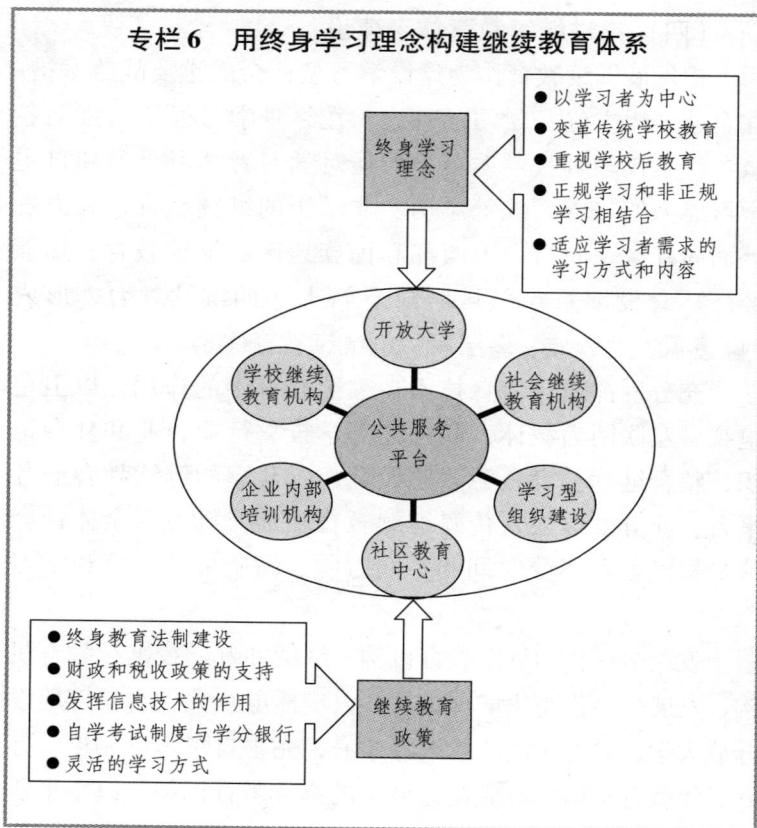

专栏6 用终身学习理念构建继续教育体系

终身学习理念

- 以学习者为中心
- 变革传统学校教育
- 重视学校后教育
- 正规学习和非正规学习相结合
- 适应学习者需求的学习方式和内容

开放大学

学校继续教育机构

公共服务平台

社会继续教育机构

企业内部培训机构

学习型组织建设

社区教育中心

- 终身教育法制建设
- 财政和税收政策的支持
- 发挥信息技术的作用
- 自学考试制度与学分银行
- 灵活的学习方式

继续教育政策

四、创新国家教育制度

以人才培养体制改革为核心,以教育体制改革试点为突破口,以制度建设为导向,积极推动教育优先发展、教育公平和教育与经济社会结合制度化,推进教育宏观管理体制、办学体制和学校制度改革,着力完善教育标准、绩效和招生考试制度，强化教育督导制度，基本建立起科学的教育资源配置体制、管理运行体制和质量保障体制。

（一）落实教育"三个优先"的保障制度

推进教育"三个优先"的制度化建设。把优先发展教育作为党和国家全局工作中长期坚持的重大方针，形成保障教育优先发展的领导体制、决策机制和制度规范。把教育"三个优先"（经济社会发展规划优先安排教育发展，财政资金优先保障教育投入，公共资源优先满足教育和人力资源开发需要）落实到政府的规划编制、年度计划、财政预算、公共资源配置、政绩考核等各项工作中。加强区域教育发展规划与经济社会发展规划、城镇化规划、国土开发利用规划、产业振兴规划、科技规划和财政支持政策的有机衔接。

推动全社会更加重视人力资源开发投资。强化人力资本投资优先于物力资本投资的导向，研究人力资源积累和人力资本投资核算方法，促进全社会改变重物力资本投入、轻人力资本投入的倾向，加快国家人才储备、知识积累，充分发挥人力资源开发促进经济自主发展、科技自主创新、扩大中等收入者比重的作用。

建立教育优先发展的监督机制。建立教育优先发展问责制度。对各地区教育发展水平、各级政府优先发展教育的努力程度进行年度评价，纳入各级政府的政绩考核体系。完善政府及有关部门向人大、政协及其专门委员会定期报告教育工作的制度。

（二）完善教育公平制度

建立保障教育公平的制度体系。健全法制保障。把依法保障公民享有平等受教育的权利作为制定和修改教育法律法规的重要原则，清理有关行政规章和管理制度，完善教育行政执法制度和权利救济制度。完善资源配置制度。以义务教育均衡发展为重点，建立区域、城乡和校际差距评价指标体系，促进教育资源向重点领域、关键环节、困难地区和薄弱学校倾斜。以扶持困难群体为重点，建立全面覆盖困难群体的资助政策体系和帮扶制度。

健全保障教育公平的规则程序。各级政府和教育行政部门在实施重大教育政策及改革举措前，要制定实施程序、规则。对涉及学生切身利益的政策调整、规则变更必须广泛听取各方面意见。各级各类学校要公开办学条件、招生章程、规章制度。继续推进高等学校招生"阳光工程"，促进招生考试制度更加完善。规范高考加分政策和特殊类型招生工作并向社会公开。

（三）完善教育与经济社会结合的制度

促进教育与经济社会各领域融合发展。推动各级政府统筹区域发展和教育发展、产业发展和人才培养、科技创新和创新人才培养、公共服务体系和公共教育体系建设、城乡建设和城乡教育发展。建立地方特色优势产业和特色优势学科对接机制，促进人才培养链、科技创新链和产业价值链紧密结合。推动教育与经济社会协调发展示范区建设。

完善产学研合作机制。通过体制机制创新和政策项目引导，推动高等学校与企业、高等学校与科研院所、高等学校与地方政府、高等学校与高新区和开发区开展多种形式的产学研合作。充分发挥高等学校重点学科、重大科技创新平台的作用，办好大学科技园，探索高等学校科技成果转化和产业化有效机制，促进创新型中小型企业的孵化和发展壮大。支持高等学校与企事业单位共建实习和科研基地。鼓励各级政府出台引导高等学校开展科技创新、社会服务和发展文化创意产业的优惠政策。

推进职业教育产教合作、工学结合制度化。建立职业教育行业指导委员会。发挥国有大型企业在产教结合中的示范作用。推进《职业教育法》的修订工作，出台促进校企合作办法。企业支付给职业教育学生的实训实习工资支出，符合条件的可以在企业所得税前扣除。健全职业院校学生实习责任保险制度。发展以骨干职业院校为龙头、行业和大中型企业紧密参与的职业教育集团，探索职业教育集团的有效组织方式和运行模式。积极推进对生产教学过程一体化、校企一体化、职教基地和产业集聚区一体化的探索，把车间办到学校，把学校办到企业。

强化实践育人制度。制订中小学生校外实践办法和高等学校实践育人办法，增加实践教学比重，把学生走进科研院所、走进社区、走进企业、走进农田开展不同形式的实践活动列入教学安排。推动建立党政机关、城市社区、农村乡镇、企事业单位和社会服务机构接收学生实践的制度，推动各级政府出台进一步扩大实施公共文化、教育、体育设施向学生免费开放或优惠的政策。把企业家、科学家、工程师等各类人才请进学校，增强学生的科技意识、创业意识和创新精神。

（四）完善民办教育制度

落实促进民办教育发展的政策。依法落实民办学校及其学生、教师与公办学校及其学生、教师平等的法律地位。

推动各级政府履行发展民办教育的职责，建立健全民办教育综合管理与服务体系，加快解决影响民办教育健康发展的法人性质、产权属性、教师权益、会计制度、社会监管等重点和难点问题。制定和完善支持民办教育发展的财政、税收、金融、收费、土地等政策。完善民办学校教师参加社会保险的办法，探索民办学校教师职业年金制度。对具备学士、硕士和博士学位授予单位条件的民办高等学校，按规定程序予以审批。推动县级以上人民政府设立专项资金用于资助民办学校。国家对发展民办教育作出突出贡献的组织、学校和个人给予奖励和表彰。

逐步建立民办学校分类管理制度。按照"学校自愿选择、政府分类管理"原则，开展营利性和非营利性民办学校分类管理试点，逐步建立分类管理制度和监管机制。新建民办学校必须符合法人条件，完善法人治理结构，落实法人财产权。重点完善民办学校章程建设、理（董）事会制度建设。完善独立学院管理和运行机制。建立健全民办学校财务、会计和资产管理制度，强化财务监管、风险监控和财务公开制度，完善民办学校学费收入监管制度。建立民办学校变更和退出机制。加大对非营利性民办学校支持力度，将非营利性民办教育纳入公共教育体系。政府采取购买服务、资金奖补、教师培训等办法，支持非营利性民办教育加快发展。

鼓励和规范社会化教育服务。发挥市场机制的作用，鼓励发展职业技能培训、专业资格教育、网络教育、早期教育服务。培育教育评估、监测、考试、管理等教育中介服务组织。有序开放和规范教具、教材等相关市场，完善产品和服务标准。

（五）建设现代学校制度

　　健全学校管理的法律规章制度。开展"学校法"的调研起草工作，依法理顺政府和学校的关系，探索建立具有中国特色的学校制度。以公办学校财政拨款制度、人事管理制度改革为重点，扩大学校办学自主权，保障教师和学生的民主管理权。发布实施高等学校章程制定办法，加强高等学校章程建设，明确学校的基本定位、服务面向、治理结构、基本管理制度，保障高等学校依法自主办学。到2015年，高等学校完成"一校一章程"的目标。

　　完善各类学校治理结构。制定"坚持和完善普通高等学校党委领导下的校长负责制实施意见"，健全重大问题学校党委集体决策制度。积极探索建立高等学校理（董）事会制度，健全社会支持和监督学校发展的制度。建立民主选举产生的学术委员会，探索教授治学的有效途径。健全高等学校的管理制度、议事规则与决策程序，推进高等学

31

校科学民主决策机制建设，克服学校内部治理上的行政化倾向。加强中小学校管理能力建设，推动中小学全面设立家长委员会，并使家长委员会有重大事项知情权、参与决策权、评价权、质询权、监督权。探索行业企业参与的职业院校治理结构，积极探索实行理（董）事会决策议事制度和监督制度。

提高各类学校的服务管理能力。把育人为本的理念贯穿到学校工作的各个环节，以服务学生、服务家长、服务教师为导向，改进学校各项管理制度。加强学校常规管理、教学管理和安全管理。推进校务公开，贯彻落实《高等学校信息公开办法》和《关于推进中小学信息公开工作的意见》，研究制定信息公开的考核指标体系，畅通群众反映问题、表达合理诉求的渠道，充分发挥广大群众的监督作用。

专栏8　改革高等教育管理方式，建设现代大学制度试点

探索高等学校分类指导、分类管理的办法，落实高等学校办学自主权。推动建立健全大学章程，完善高等学校内部治理结构。建立健全符合高等学校特点的岗位设置管理制度，推进高等学校人事制度改革，改革高等学校基层学术组织形式及其运行机制。建立高等学校总会计师制度，完善高等学校内部财务和审计制度。改革学科建设绩效评估方式，完善以质量和创新为导向的学术评价机制。构建高等学校学术不端行为监督查处机制，健全高等学校廉政风险防范机制。

（六）创新教育家办学制度

坚持教育家办学。培养造就一批热爱教育、熟悉教育规律、拥有系统教育理论和丰富实践经验的教育家。制定各级各类学校校长的任职资格标准。改进高等学校主要领导选拔任用与管理、培训制度，努力使其成为社会主义政治家、教育家。探索建立中小学校长和幼儿园园长资格制度。中小学校长和幼儿园园长要具备丰富的教学（保教）经验，一般从教学一线选拔任用。鼓励从具有企业管理经验的人员中聘任职业院校领导干部。

改革校长选任制度。推动各地制订实施办法，开展面向全社会公开招聘和校内民主选拔各类学校校长试点，取得经验后加以推广。扩大中等职业学校和高等学校校长选任范围。

创造教育家成长的环境。健全校长考核评价制度，引导校长潜心办学。实施中小学校长国家级培训计划和校长、骨干教师海外研修计划，有针对性地开展校长任职培训、提高培训、高级研修和专题培训。实施中小学教学名师培养计划，修订《特级教师评选规定》。教育科研经费向实践性教学研究倾斜，鼓励教学科研工作者和优秀教师在教学一线长期开展基础性、持续性的教学实验。提高教学成果奖励中基层教学实验成果所占的比例，为教师成长创造良好的环境。

（七）完善教育行政管理制度

明确各级政府教育管理责任。以转变政府职能和简政放权为重点，深化教育管理体制改革，基本形成政事分开、权责明确、统筹协调、规范有序的教育管理体制。完善高等教育以省级政府为主的管理体制，充分发挥中心城市支持高等教育发展的作用。完善义务教育以县为主的管理体制，探索经济较发达地区乡镇政府支持义务教育、学前教育的有效机制。

转变政府管理教育的方式。减少和规范政府对学校的行政审批，培育专业教育服务机构，积极发挥行业协会、专业学会、教育基金会等各类社会组织在教育公共治理中的作用，提高各级教育行政部门综合运用立法、拨款、规划、信息服务、政策指导和必要的行政措施进行管理的能力。推进政校分开、管办分离。完善中国特色教育法律法规体系，大力推进依法治教、依法治校。落实教育行政执法责任制，做好申诉和行政复议工作，依法维护学校、学生、教师等法律关系主体的合法权益。

提高教育决策的科学化、民主化水平。完善教育决策咨询制度，充分发挥国家教育咨询委员会和各类教育决策咨询机构的重要作用。建立重大教育决策出台前充分论证和公开征求意见的制度。依托高等学校和科研机构建立一批教育科学决策研究基地，加强教育发展战略和政策研究。

（八）健全省级政府教育统筹制度

明确省级政府教育统筹的职责。省级政府统筹区域内各级各类教育改革发展，根据本地的实际情况，明确省以下各级政府的教育职责。明确省级政府促进基本公共教育服务均等化、统筹规划职业教育的责任。积极推动中央部委院校的省部共建，推动部属院校为地方经济社会发展服务。实施省级政府教育统筹综合改革试点，推动中央各有关部门向省级政府下放审批权。进一步明确教育部、其他中央部委和省级政府管理高等学校的职责和权限。研究制订省级政府依法审批设立专科学历高等学校的具体办法。

加强重大教育改革试点的省级统筹。按照"统筹规划、分步实施、试点先行、动态调整"的原则，国家分期分批选择部分地区和学校开展重大改革试点。省级政府加强试点工作领导，建立改革试点指导、监测、评估、交流机制，及时推广改革试点取得的重大成果。

建立省级政府教育统筹的考核评价体系。科学评估省级政府发展教育的努力程度和教育改革取得的成效，着重考察人民群众对教育的满意度、教育体制改革试点的推进和重大教育工程的实施。建立省域教育现代化评价体系。

专栏9 重点领域和省级政府教育统筹综合改革试点

在一些地方开展基础教育、职业教育、高等教育、民办教育等重点领域和省级政府教育统筹综合改革试点，通过加强地方政府统筹和系统配套改革，探索解决制约教育发展特别是一些重点领域深层次矛盾的途径和方法，推动教育科学发展。

（九）建立健全教育标准和绩效评价制度

建立国家教育标准体系。建立标准修订机制，定期对相关教育标准适用性进行审查。设立国家教育标准中心，加强教育标准的研究和制定，到2015年初步形成国家教育标准体系。

完善标准实施和检验制度。开展教育标准的宣传、培训。落实教育行政部门实施标准的责任。鼓励教育中介组织积极参与标准的研究制定和实施检验。通过实施标准，推动学校达标建设，完善教育质量保障机制，推进教育评估科学化，促进学校管理规范化。

建立教育绩效评价制度。以服务经济社会发展和人的全面发展为导向，以人才培养质量为核心，制定科学评价政府、学校和教师的教育绩效评价指标体系。鼓励社会、家长、用人单位和第三方机构通过多种方式参与教育绩效评价。将校长、幼儿园园长和教师的绩效评价同绩效工资挂钩，并作为业绩奖励、职务（职称）晋升等的主要依据。将高等学校和职业院校的绩效同政府对学校的奖励性、竞争性教育拨款挂钩。加快科研评价制度改革，完善以创新和质量为核心的科研评价机制，切实减少行政对学术评价的干预。

专栏10　完善国家教育标准体系

建立健全具有国际视野、适合中国国情、涵盖各级各类教育的国家教育标准体系，具体包括六大类别：

一是各级各类学校建设标准。包括教学、生活、体育设施，劳动和实习实训场所，以及仪器设备、图书资料等国家配备标准。

二是学科专业和课程体系标准。包括学科、专业、课程、教材等标准。

三是教师队伍建设标准。包括校（园）长、教师的编制标准、资格标准、考核标准以及教师职业道德和教师教育标准。

四是学校运行和管理标准。包括学校生均拨款标准，学校行政、教学、服务行为的标准。

五是教育质量标准，包括德智体美等各方面的人才培养质量标准。

六是国家语言文字标准。

（十）健全教育督导制度

加强教育督导工作。推进教育督导条例的制订与实施工作。建立义务教育均衡发展、中小学教育质量和学前教育、职业教育等督导评估制度。建立和完善督学责任区制度，推行督学巡视、督学报告制度，实行定期督导制度和督导结果报告公报制度。

推进督导机构建设。推动建立相对独立的教育督导机构，独立行使督导职能。建立督学资格认定制度，优化督学队伍结构，建设一支专兼职结合、专业化的督学队伍。

建立教育督导问责制度。坚持督学与督政相结合，加强对地方各级政府履行教育职责，学校规范办学行为、实施素质教育的督导检查。健全教育督导监测机制，强化限期整改制度，建立与督导检查结果相结合的奖励和问责制度，将督导检查结果作为考察干部和评价学校的重要依据。

（十一）改革考试招生制度

推进高等学校考试招生制度改革。成立国家教育考试指导委员会，对考试招生制度改革进行整体设计和评估论证，指导考试改革试点。开展高等学校分类入学考试改革，实行择优录取、自主录取、推荐录取、定向录取、破格录取等多种方式。有条件地区可对部分科目开展一年多次考试和社会化考试的试点。加强专业考试机构能力建设。推进国家考试题库建设。将高中学业水平考试和综合素质评价有机纳入高等学校招生选拔工作。支持各地推进高等职业院校招生改革。由省级政府确定成人高等教育招生办法。开展具有高中学历的复转军人免费接受成人高等教育和高等职业教育的单独招生试点。健全研究生招生考试制度，非全日制研究生试行一年多次资格考试、培养单位自主录取的制度。

深化中等学校考试招生制度改革。省级政府制订改革方案和时间表并公开征求社会意见。完善中等学校学业水平考试，建立综合素质评价体系，推行优质普通高中和中等职业学校招生名额合理分配到区域内初中的办法，将初中毕业生有序输送到普通高中、中等职业学校和综合高中。

五、调整人才培养与供给结构

按照服务需求、调整供给、完善机制的要求，大力推进人才培养结构的战略性调整，着力加强应用型、复合型、技能型人才培养。到 2015 年使我国人才资源总量增加 4250 万人，其中高技能人才总量达到 3400 万人，农村实用型人才总量达到 1300 万人，对现代产业体系和公共服务体系的支撑能力明显增强。

（一）加快培养经济社会发展重点领域急需紧缺人才

加快培养战略性新兴产业急需人才。根据国家战略性新兴产业的规划和布局，鼓励高等学校参与国家产业创新发展工程，自主设立战略性新兴产业相关学科专业。国家支持在高等学校建立一批服务战略性新兴产业的创新人才培养和科技创新基地。加大高等学校基本科研业务费的投入力度，超前部署基础学科、前沿学科、交叉学科发展，缩小与发达国家科技创新的差距。

专栏 11　　战略性新兴产业发展与新兴学科建设	
战略性新兴产业：新一代信息技术产业、节能环保产业、新能源产业、生物产业、高端装备制造产业、新材料产业、新能源汽车	重点学科和创新平台建设向战略性新兴产业倾斜
	培养战略性新兴产业科技创新领军人才
	鼓励高水平大学参与国家重大科技专项和战略性新兴产业创新发展工程
	鼓励学校自主设置相关学科
	加快基础学科、前沿学科、交叉学科发展
	加强高等学校科技情报系统建设

加快培养先进制造业和现代服务业急需人才。推动各地根据国家和区域重点产业结构调整规划，制定高等学校特色优势学科建设规划。加大对地方高等学校和行业特色高等学校工程、技术教育的扶持力度。加大对能源、交通水利建设、循环经济和生态保护等基础产业相关院校、学科的支持力度。加强装备工业和生产性服务业高技能人才培养。

加快培养面向"三农"的急需人才。加强农林水利高等学校和职业院校建设，培养适应现代农业发展和社会主义新农村建设的科技人才、技术人才、经营管理人才和农村实用人才。面向重点产粮区、蔬菜生产区、畜牧区、林区和渔业区，重点支持一批以设施农业、农业机械化、农产品加工、现代林业、现代牧业、远洋渔业等领域现代农业技术技能人才培养培训为特色的职业院校。联合职业院校和行业企业建设一批农民工文化补偿教育和职业技能培训基地。

加快培养文化、社会建设和公共服务急需人才。支持高等学校面向基层和社区加快培养公共管理、教育卫生、社会保障、城镇规划、文化创意、文化遗产保护、社区管理、健康服务、防灾减灾、心理咨询等各类公共服务与社会工作急需人才；推动职业院校面向县镇农村，有计划地培养提供公共服务、社区服务、家庭服务和养老服务的技术技能人才。

加快培养应对国际竞争的经济、管理、金融、法律和国际关系人才。通过产教结合、中外合作，吸引一流人才，学习和借鉴国外先进的课程体系和教学方法，建设一批具有世界水平的商学院、公共管理学院、金融学院、法学院。

重视培养国防人才。推动高等学校学科建设和国防人才培养、国防科技紧密结合。加强高等学校国防科研基地建设，鼓励高等学校积极参与军民结合产业发展重大科研项目，构建军民结合产学研合作创新平台，推动军地两用科技创新。积极参与国防重大科研项目。落实补偿学费和代偿国家助学贷款、退役后入学等优惠政策，鼓励高等学校应届毕业生应征入伍服义务兵役。加强国防生培养基地建设，探索高等学校与部队紧密结合、接力育人的有效机制，逐步推行国防生"3.5＋0.5"培养模式，提高国防生军政素质。

专栏12　重点产业发展与急需人才培养

改造提升制造业	改造提升高等学校理工学科，培养基础工艺、基础材料、基础元器件等研发和系统集成高端人才。实施卓越工程师教育培养计划。加快培养支撑装备制造业等先进制造业的高技能人才。
推动服务业大发展	加快培养金融、现代物流、高技术服务和商务服务等生产性服务业急需人才，加快培养商贸、旅游、家庭服务、养老护理等生活性服务业急需人才，开展服务业从业人员技能培训。
加快发展现代农业	加强农林院校和涉农专业学科建设，建设农业科技创新和农业科技人才、经营人才和管理人才培养基地。加快设施农业、农业技术推广、农业机械化等农村实用人才培养培训。
加快水利体系建设	加强水利院校和相关学科建设，加快培养水旱灾害应急管理、水资源管理与水生态保护、泥沙治理、水土保持监测和治理、农村供水、节水灌溉、水利信息化等急需紧缺人才。
推动能源生产和利用方式变革	加强能源开发利用学科的建设，特别是加强新能源学科建设，加快培养石油、煤炭、核能、风能、太阳能、生物质能、地热能等开发利用的高端人才、复合型人才和一线技术技能人才。

构建综合交通运输体系	加快推进高校交通运输学科改革，加快培养公路、铁路、航运、水运、管道运输等专业技术人才和高技能人才。
全面提高信息化水平	培养新一代移动通信、下一代互联网、软件开发、集成电路、网络安全等信息技术拔尖创新人才。加快培养电子商务、电子政务等经济社会各领域信息化应用型人才。培养软件外包和电子信息设备生产技术技能人才。加强各级各类学校信息技术教育。
推进海洋经济发展	加强海洋高等院校、涉海职业院校及学科专业建设，加快海洋能源、环境、渔业、生物、海洋运输、滨海旅游、国际海洋事务等海洋经济专门人才培养。
大力发展循环经济	大力发展环境保护、污染防治、生态治理、循环经济等相关学科。开展资源节约、环境保护和可持续发展教育。

专栏 13	社会发展重点领域与急需人才培养
政法	完善政法人才培养体系，在高等学校建设高质量的法律学科，加快培养法院系统、检察院系统、公安系统、司法行政系统、律师等急需的政法人才。
宣传思想文化	加快培养马克思主义理论研究与宣传人才、经济社会发展急需的哲学社会科学人才、新闻传播和文化艺术人才。加快培养数字出版、游戏动漫、网络信息服务等创意策划、技术研发应用及管理服务人才。培养一大批有艺术造诣、熟悉市场、掌握文化产业运作规律的文化产业经营管理人才和公共文化服务管理人才。
医药卫生	培养临床医学、基础医学、公共卫生、中医药、药品医疗器械监督等领域高层次专业人才。加快培养卫生监督执法、卫生应急、精神卫生等社会急需人才。加快基层医疗服务机构急需的全科医师、基层公共卫生人员、乡村医生等人才培养。
防灾减灾	加快灾害预报与预警、防灾减灾工程设计管理、政策分析、损失与风险评估人才培养。
公共管理	加强基层社区管理人才培养培训，加强大学生村官队伍建设，重视培养基层社区服务人才。

（二）扩大应用型复合型技能型人才培养规模

扩大应用型、技能型人才培养比例。保持普通高中和中等职业学校招生规模大体相当，高等职业教育招生占普通高等教育招生规模的一半左右。地方高等学校以培养应用型、技能型人才为主。调整和优化研究生培养类型结构，加快发展专业学位研究生教育。

加强应用型、技能型人才学科专业建设。明确应用型、技能型学科专业的培养目标、课程标准和学位授予标准。普通本科学校要调整课程结构，增加应用性、实践性的课程，加强学生基本功训练。职业院校要完善专业教室、实训基地和企业实习相结合的技术技能训练流程。优化师资结构，鼓励从企业和科研院所聘请专兼职教师。改进招生办法，社会经验和实际技能要求比较强的学科专业，逐步增加面向基层和一线工作者招生的比例。

加强复合型人才培养。鼓励学校加强学科专业整合，逐步提高高等学校按学科专业大类招生的比例。将结构性过剩学科专业改造为适应经济社会发展需要的复合型、交叉型人才培养学科专业，促进多学科交叉融合。进一步完善学分制、主辅修制、双专业制和双学位制，拓展复合型人才培养渠道。

（三）建立人才培养与供给结构调整机制

完善人才需求预测与发布机制。整合政府部门和劳动力市场的信息资源，充分发挥行业企业作用，建立人才需求的预测和预警机制。建立分区域、分类别、分学科专业毕业生就业状况统计监测体系。完善人才需求调查和信息发布制度。加强高等学校和职业院校就业信息服务和指导机构建设，实施高等学校毕业生就业服务体系建设计划，进一步完善毕业生就业服务体系。

加强学科专业结构的宏观调控。完善以目录指导、规划引领、分类评估、计划调控、拨款引导为主要手段的调整机制。研究制定普通高等学校本科专业设置管理规定，下放研究生学科目录二级学科设置权，建立和完善新增学位授予单位服务特殊需求的学位授权项目审批制度。省级政府根据当地经济社会发展制定学科专业布局和建设规划。建立分学科、分专业的评估体系，引导学校调整学科专业设置和培养规模。对培养规模供过于求、就业水平持续过低或市场需求萎缩、就业面狭窄的学科和专业，实行招生计划调控，减少招生规模直至暂停招生。教育经费向培养急需紧缺人才以及艰苦行业人才的学科专业倾斜。

促进学校积极主动调整学科专业结构。推动高等学校和职业院校从学校的实际出发，以特色优势学科建设为引领，制定学科专业建设规划。调整结构性过剩学科专业，整合专业面过窄的学科专业，改造落伍陈旧学科专业。加强新设专业的师资队伍、办学条件建设。对不适应学科调整的教师进行转岗培训。

> **专栏 14　高等学校毕业生就业服务体系建设计划**
>
> 　　建立促进高等学校毕业生就业的政策制度体系，进一步统筹毕业生到基层就业、自主创业的优惠政策。开辟和拓宽高等学校毕业生到城市社区、社会组织、农村基层等就业的渠道，完善服务期满有序流动的相关政策。建立完善学生职业发展和就业指导课程体系。构建科学、规范的就业统计工作体系和就业状况反馈机制。建设全国高等学校毕业生就业信息服务网络和监测服务体系，实现就业状况实时监测以及就业手续办理自动化。建立就业困难毕业生帮扶体系，实行实名动态援助机制。重点建设 500 个高等学校毕业生就业指导服务机构，培养一支高素质、专业化就业指导教师队伍。建立高等学校毕业生就业工作督导检查机制。

六、扩大和保障公平受教育机会

　　把促进公平作为国家基本教育政策，着力促进教育机会公平。积极推进农村义务教育学校师资、教学仪器设备、图书、体育场地达到国家基本标准，有效缓解城镇学校大班额问题，县（市）域内初步实现义务教育均衡发展；学前教育、中等职业教育和特殊教育等薄弱环节显著加强；教育资助制度全面覆盖各级各类学校的困难群体。

（一）加快发展学前教育

　　落实各级政府发展学前教育责任。推进"学前教育法"

起草工作。明确地方政府作为发展学前教育责任主体。省级政府制定本区域学前教育发展规划，完善发展学前教育政策，加强学前教育师资队伍建设，建立学前教育的经费保障制度。以县（区）为单位编制并实施学前教育三年行动计划，合理规划学前教育机构布局和建设，并纳入土地利用总体规划、城镇建设和新农村建设规划。中央财政重点支持中西部地区和东部困难地区发展农村学前教育。加强对学前教育机构、早期教育指导机构的监管和教育教学的指导。

多种形式扩大学前教育资源。大力发展公办幼儿园。通过改造中小学闲置校舍和新建幼儿园相结合，重点加强乡镇和人口较集中的村幼儿园建设，边远山区和人口分散地区积极发展半日制、计时制、周末班、季节班、巡回指导、送教上门等多种形式的学前教育。落实城镇小区配套建设幼儿园政策，完善建设、移交、管理机制。城镇新区、开发区和大规模旧城改造时，同步建设好配套幼儿园。积极扶持民办幼儿园，采取政府购买服务、减免租金、以奖代补、派驻公办教师等方式引导和支持民办幼儿园提供普惠性服务。中央财政安排扶持民办幼儿园发展奖补资金，支持普惠性、低收费民办幼儿园。探索营利性和非营利性民办幼儿园实行分类管理。扶持和资助企事业单位办园、街道办园和农村集体办园。

多种途径加强幼儿教师队伍建设。各地根据国家要求合理确定生师比，核定公办幼儿园教职工编制，逐步配齐幼儿园教职工。实施幼儿教师、园长资格标准和准入（任）制度。切实落实幼儿园教职工的工资待遇、职务（职称）

评聘、社会保险、专业发展等方面的政策。将中西部地区农村幼儿教师培训纳入中小学教师国家级培训计划；三年内对1万名幼儿园园长和骨干教师进行国家培训。各地五年内对幼儿园园长和教师进行一轮全员专业培训。

提高学前教育保教质量。修订《幼儿园工作规程》和《幼儿园教育质量评估指南》，发布"3—6岁儿童学习与发展指南"。规范幼儿园保教工作，坚持以游戏为基本活动，坚决纠正和防止"小学化"，促进儿童健康快乐成长。加强学前教育科学研究，推动学前教育和家庭教育相结合，依托幼儿园，利用多种渠道，积极开展公益性0—3岁婴幼儿早期教育指导服务。

专栏15　建立健全体制机制，加快学前教育发展改革试点

明确政府职责，完善学前教育体制机制，构建学前教育公共服务体系。探索政府举办和鼓励社会力量办园的措施和制度，多种形式扩大学前教育资源。改革农村学前教育投入和管理体制，探索贫困地区发展学前教育途径，改进民族地区学前双语教育模式。加强幼儿教师培养培训。

专栏16　农村学前教育推进工程

支持中西部农村地区和东部困难地区新建和改扩建乡镇中心幼儿园以及村幼儿园，配备教育教学和卫生保健设备设施。办好中等幼儿师范学校、高等师范院校学前教育专业，建设一批幼儿师范专科学校，提高幼儿师资培养能力。

（二）推动义务教育均衡发展

推进义务教育学校标准化建设。制定各地区义务教育学校标准化建设的实施规划。重点支持革命老区、边境地区、民族地区、集中连片贫困地区和留守儿童较多地区的义务教育学校标准化建设。着力解决县镇学校大班额、农村学校多人一铺和校外住宿以及留守儿童较多地区寄宿设施不足等问题。加强学校体育卫生设施、食堂、厕所等配套设施建设，提高学校教学仪器、图书、实验条件达标率。通过学区化管理、集团化办学、结对帮扶等模式，扩大优质教育资源。

均衡合理配置教师资源。县级教育行政部门统筹管理义务教育阶段校长和教师，建立合理的校长、教师流动和交流制度，完善鼓励优秀教师和校长到薄弱学校工作的政策措施。新增优秀师资向农村边远贫困地区和薄弱学校倾斜。

建立县（市）域义务教育均衡发展评价机制。教育部和各省、自治区、直辖市以签订义务教育均衡发展备忘录等形式，推动各地明确县（市）域内促进义务教育均衡发展的时间表和路线图。制定义务教育均衡发展和学校标准化建设的监测和评价体系，开展对义务教育均衡发展的专项督导检查，对基本实现义务教育均衡发展的县（市）予以表彰。国家和省级政府定期发布各地县（市）域义务教育均衡发展评估报告和督导报告。

（三）大力发展中等职业教育

落实政府发展中等职业教育的责任。推动各级政府把办好中等职业教育作为促进就业、改善民生、保障社会稳定和促进经济增长的重要基础，将主要面向未成年人的中等职业教育作为基础性普惠性教育服务纳入基本公共教育服务范围。逐步完善中等职业教育公共财政保障制度，逐步实行中等职业教育免费制度，完善国家助学制度。

探索中等职业教育公益性的多种实现形式。创新中等职业教育办学机制，建立健全政府主导、行业指导、企业参与的办学机制。政府通过专项经费、补贴和购买服务等财政政策支持中等职业教育发展。鼓励各地统筹利用财政资金和企业职工教育培训经费，推动校企合作。探索政府、行业、企业、社会团体等通过合作、参股、租赁、托管等多种形式实行联合办学。

完善中等职业教育布局规划。以地市州或主体功能区为单位，按照本地区特色优势产业和公共服务需求，整合各类中等职业教育资源，优化布局，形成分工合理、特色明显、规模适当、竞争有序的职业教育网络。制定并实施中等职业学校建设标准。加快中等职业教育改革发展示范校、优质特色学校建设，加强特色优势专业平台和实训基地建设，完善中等职业学校教学生活设施。

（四）提高特殊教育的保障水平

扩大残疾人受教育机会。推动《残疾人教育条例》的修订工作。继续推进特殊教育学校建设，完善配套设施。推动各地加强各级各类学校建筑的无障碍设施改造，积极创造条件接受残疾人入学，扩大随班就读和普通学校特教班规模，提高残疾儿童少年九年义务教育和高中阶段教育普及程度。发展残疾儿童学前康复教育。扩大"医教结合"试点。积极开展针对自闭症儿童的早期干预教育。开展多种形式残疾人职业教育，使残疾学生最终都能掌握一项生存技能。推动出台和落实普通高等学校接收残疾人就学的鼓励政策，保障残疾人平等接受高等教育的机会。

提升特殊教育质量。加强特殊教育师资队伍建设，逐步提高特殊教育教师待遇，并在职务（职称）评聘、优秀教师表彰奖励等方面予以倾斜。制定特殊教育学校教师编制标准。推动各地制定明显高于普通教育的特殊教育公用经费标准。完善盲文、手语规范标准。完善盲文、聋哑、培智教科书政府采购和扶持政策。加强对特殊教育的教育教学改革的指导和督导检查，推动特殊教育学校不断提高教育质量。

专栏 19　特殊教育学校建设工程

继续实施特殊教育学校建设工程，基本实现中西部市（地）和 30 万人口以上、残疾儿童较多的县（市），有 1 所独立设置的特殊教育学校。积极支持特殊教育师资培养基地、承担特殊教育任务的职业学校和高等学校以及自闭症儿童特殊教育学校的建设。为现有特殊教育学校添置必要的教学、生活和康复训练设施，使之达到国家规定的特殊教育学校建设标准。

（五）切实保障进城务工人员子女就学

保障进城务工人员随迁子女享受基本公共教育服务权利。健全输入地政府负责的进城务工人员随迁子女义务教育公共财政保障机制，将进城务工人员随迁子女教育需求纳入各地教育发展规划。加快建立覆盖本地进城务工人员随迁子女的义务教育信息服务与监管网络。鼓励各地采取发放培训券等灵活多样的形式，使新生代农民工都能在当地免费接受基本的职业教育与培训。推动各地制订非户籍常住人口在流入地接受高中阶段教育，省内流动人口就地参加高考升学以及省外常住非户籍人口在居住地参加高考升学的办法。

重视解决留守儿童教育问题。加快中西部留守儿童大县农村寄宿制学校建设，配齐配好生活和心理教师及必要的管理人员，研究解决寄宿制学校建成后出现的新情况、新问题。建立政府主导、社会参与的农村留守儿童关爱服务体系和动态监测机制，保障留守儿童入学和健康成长。

（六）完善学生资助政策

扩大资助覆盖面、加大资助力度。建立奖助学金标准动态调整机制。逐步提高中西部地区农村家庭经济困难寄宿生生活补助标准。各地结合实际建立学前教育资助制度，对家庭经济困难儿童、孤儿和残疾儿童入园给予资助，中央财政根据各地工作情况给予奖补。落实和完善普通高中家庭经济困难学生资助政策，完善研究生国家助学制度。完善中等职业教育家庭经济困难学生、涉农专业学生免学费、补生活费制度。国家资助符合条件的退伍、转业军人免费接受职业教育。建立家庭经济困难学生信息库，提高资助工作规范化管理水平。

完善高等学校助学贷款制度。探索由财政出资或由国家资助管理机构向中央银行统借统还，国家和省级资助管理机构直接面向学生发放和回收助学贷款的办法。大力推进生源地信用助学贷款工作。完善国家代偿机制，逐步扩大代偿范围。

提高农村家庭经济困难中小学生营养水平。建立中小学生营养监测机制，鼓励各地采取多种形式实施农村中小学生营养餐计划，中央财政予以奖励和支持。

七、提高人才培养质量

把提高质量作为教育改革发展的核心任务，为全体学生提供更加丰富的优质教育。改革人才培养模式，将文化知识学习和思想品德修养、全面发展和个性发展、创新思维和社会实践紧密结合，到 2015 年基本建立科学的质量评价体系和有效的质量保障体系，青少年学生身心健康水平进一步提高，学习能力、实践能力、创新能力显著增强。

（一）建立教育质量评价体系

树立科学的教育质量观。坚持把促进学生健康成长作为学校一切工作的出发点和落脚点，在全社会宣传和推广素质教育的理念，形成尊重教育规律的环境和氛围。把促进人的全面发展、适应社会需要作为衡量教育质量的根本标准。坚持德育为先，能力为重，全面发展，把学生身心健康摆在首要位置。

形成科学的教育质量评价办法。开发体现德智体美全面发展、反映不同层次和不同类型人才培养要求的评价指标。强化学校质量主体意识，加强自我评价，完善质量内控机制，推动学校教学基本数据信息库建设。中、高等学校要充分发挥教师、学生在教育质量评估中的重要作用。探索学校评估、专业评估、国际评估等多种形式相结合的教育教学质量评价办法。

加强质量评估机构和队伍建设。依托高等学校和教育科研机构，分门别类建设一批教育教学质量监测评估专门机构。鼓励社会中介组织对教育教学质量进行评估。加强各级教育行政部门和各级各类学校教育教学质量评估人员的培训，提升教育教学质量评估队伍素质。

减轻中小学生课业负担。建立中小学生课业负担监测和公告制度，加大对违反中小学办学行为规范行为的惩处力度。建立落实国家课程方案和标准的责任制度。建立各种教辅材料和课外补习班的管理制度，鼓励家长、社区和新闻媒体进行监督。到2015年，基本实现中小学生全面减负的目标。

专栏20　国家教育质量标准体系

研究制定适应不同类型教育特点和规律、体现德智体美全面发展要求、可衡量、有针对性的教育质量标准体系。包括学前教育质量标准、义务教育质量标准、普通高中教育质量标准、中等职业教育质量标准、高等职业教育质量标准、本科教育质量标准、研究生教育质量标准、普通高等教育和职业教育学科专业质量标准、成人和网络本专科高等教育质量标准、语言文字教育质量标准、科研质量评价标准、教育质量评价标准等。

"十二五"期间，重点完成义务教育质量标准、学前教育质量标准和中等职业教育质量标准，以及高等教育和职业教育主要学科门类质量标准的研制工作。

> **专栏 21　推进素质教育，切实减轻**
> **中小学生课业负担改革试点**
>
> 规范中小学办学行为，改进教育教学方法，改进考试评价制度，探索减轻中小学生过重课业负担的途径和方法。深化基础教育课程、教材和教学方法改革。整体规划大中小学德育课程，推进中小学德育内容、方法和机制创新，建设民族团结教育课程体系，探索建立"阳光体育运动"的长效机制。开展普通高中多样化、特色化发展试验，建立创新人才培养基地，探索西部欠发达地区普及高中阶段教育的措施和办法。研究制订义务教育质量督导评价办法，改革义务教育教学质量综合评价办法，建立中小学教育质量监测机制，探索地方政府履行推进素质教育职责的评价办法。

（二）加强和改进德育工作

构建大中小幼有效衔接的德育体系。根据不同年龄阶段学生的身心特点，规划德育目标、内容和课程体系，修订中小幼德育规程。以社会主义核心价值体系建设为核心，把理想信念教育、爱国主义教育、公民道德教育和基本素质教育贯穿始终并融入教育教学全过程。充分发挥德育课程、学科教学、社会实践和校园文化建设的协同作用。加强形势政策教育、民族团结教育、革命传统教育、改革开放教育、国防爱军教育，广泛开展民族精神教育、时代精神教育；注重培育学生热爱劳动、尊重实践、崇尚科学、追求真理的思想观念。办好家长学校，探索学校、家庭和

56

社会协同育人的机制，营造有利于学生健康成长的社会环境。

创新学校德育方式方法。坚持教书育人、环境育人、实践育人、文化育人。开展德育内容、方式、方法以及课程、教材、评估监测指标体系的系统研究。实施大学生思想政治教育质量工程，开展大学生思想政治教育工作测评。加强班主任、辅导员和党团干部队伍建设。深入推进大学生素质拓展计划，完善大学生社会实践和志愿服务长效机制。

加强校园文化建设。建设优良的教风、学风、校风。加强学生党团组织、少先队和学生会建设，积极发展学生社团和兴趣小组。开展丰富多彩的具有时代特色的校园文化活动。优化、美化、绿化校园环境。引导高校凝练和培育大学精神。在高等学校加强崇尚诚信、科学、创新、贡献的学术文化建设，在职业院校推动现代工业文明进校园、企业文化进课堂。

（三）落实教学改革重大举措

深化基础教育课程改革。总结和推广基础教育课程改革成果，完善基础教育课程教材体系。深化语文、数学和科学课程改革，精选对学生终身发展有重要价值的课程内容，强化课程教材与社会发展、科技进步和学生经验的联系。实行基础教育课程专家咨询制度和公开征求公众意见的制度，完善基础教育课程教材管理制度。鼓励普通高中开设丰富多彩的选修课程。加强国家通用语言文字教学特别是听说读写训练。探索普通高中分层教学、走班制、学分制等教学管理制度改革。

加快职业教育教学改革。实施中等职业教育改革创新行动计划。根据社会经济发展需要，更新职业教育专业目录，加强专业课程、教材体系建设，变革教学内容、方法、过程和技术手段。制定职业教育人才培养标准，推动课堂教学、实践教学的改革。推动建设技能教室、标准化厂房、开放式实习基地和虚拟仿真实训系统。办好全国和地方、行业、学校各个层次的职业技能大赛，并把职业技能大赛成绩作为高一级学校招生的重要依据。

切实提高高等学校教学水平。牢固确立人才培养在高等学校工作中的中心地位。实施"本科教学工程"，加大教学投入。切实落实教授为低年级学生授课和优秀教师为本科一年级学生上课的制度。加强图书馆、实验室、实践教学基地、工程实训中心、计算中心和课程教材等基本建设。加强社会实践、毕业设计、岗位实习和学生参与科学研究等关键环节。启动实施"十二五"教材修编规划。出台普通高等学校本科教学评估工作意见，按照新的目标和标准，改进方式方法，实施新一轮高等学校教学评估。

切实加强体育、卫生和艺术教育工作。推动各级各类学校配齐音体美教师，配足器材设备，开好国家规定的音体美课程。广泛深入开展全国亿万学生阳光体育运动，全面实施《国家学生体质健康标准》，保证中小学生每天一小时校园体育活动。组织好全国大中小学生运动会、艺术展演活动和高雅艺术进校园活动。组织实施体育艺术"2＋1"项目，使中小学生在校学习期间至少学会两项体育技能和一项艺术特长。加强学生用眼卫生教育，改善教室采光条件，落实教室照明标准，完善中小学生近视防控责任制度，有效降低学生近视率。多种形式加强学生心理健康教育。建立健全学校公共卫生工作网络，加强校医和保健医师队伍建设，提高学校防控突发公共卫生事件能力。加大学校饮用水、食堂、厕所等生活与卫生设施改造力度，加强食品安全与传染病防控工作。进一步完善学生体质健康监测制度。

专栏22 中等职业教育改革创新行动计划
（2010—2012 年）

用三年时间实施十大计划，33 个子项目。

十大计划是：提升中等职业教育支撑产业建设能力计划；教产合作与校企一体化办学推进计划；中等职业教育资源整合与东西合作推进计划；中等职业教育支撑现代农业及新农村建设能力提升计划；中等职业学校科学管理能力、校长能力建设计划；"双师型"教师队伍建设计划；创新中等职业学校专业与课程体系计划；中等职业教育信息化能力提升计划；完善中等职业教育宏观政策与制度建设计划；成人职业教育培训推进计划。

专栏23 改革人才培养模式，提高高等教育
人才培养质量试点

完善教学质量标准，探索通识教育新模式，建立开放式、立体化的实践教学体系，加强创新创业教育。设立试点学院，开展创新人才培养试验。实施基础学科拔尖学生培养试验计划。改革研究生培养模式，深化专业学位教育改革，探索和完善科研院所与高等学校联合培养研究生的体制机制。探索开放大学建设模式，建立学习成果认证和"学分银行"制度，完善高等教育自学考试、成人高等教育招生考试制度，探索构建人才成长"立交桥"。推进学习型城市建设。

（四）加强创新人才培养

加强创新意识和能力培养。把激发学生的学习兴趣、保护学生的好奇心作为教学改革重要标准，努力营造鼓励独立思考、自由探索、勇于创新的良好环境。注重学思结合，知行统一，因材施教，推广启发式、探究式、讨论式、参与式教学方法。加强动手实践教学，增加学生参加生产劳动、社会实践和创新活动的机会。开展优异学生培养方式试验。

拓宽创新型人才的成长途径。按照培养造就新知识的创造者、新技术的发明者、新学科的创建者的要求，深入研究拔尖创新人才的特征和成长规律，有效识别具有创新潜质的学生。开好普通高中各种选修课，研究开发大学先修课程，探索建立高中学生大学先修制度，鼓励有条件的高中阶段学校和高等学校、科研院所、企业联合培养拔尖创新人才。支持部分高等学校探索建立科学基础、实践能力和人文素养融合发展的人才培养模式。推进高水平大学基础学科拔尖学生培养试验。实施卓越工程师、医师、农林和法律等人才教育培养计划。

加快研究生培养机制改革。全面创新研究生培养模式，完善以科学研究和实践创新为主导的导师负责制，推动高等学校与科研机构的联合培养，着重提高学术学位研究生综合素质和创新能力，强化专业学位研究生培养与行业的结合。推进研究生招生选拔制度改革。健全分类指导、自律为主、多元监控的质量保证监督制度。结合高等学校创新能力提升计划搭建协同创新平台，加强重点建设，加快政府管理方式改革和培养单位管理制度建设。

（五）完善教育质量保障机制

加强教育质量保障机构与制度建设。推动建立具有独立法人资格的专业认证机构，加强与国际高等教育评估及专业认证机构的联系和交流，在工程教育、医学教育等领域按照国际惯例开展专业认证工作。鼓励高等学校和职业院校参加国际质量管理认证。建立教育质量年度报告发布制度。

加大对提高教育质量各环节的投入。引导各级政府和学校把教育资源配置和学校工作重点集中到强化教学环节、提高教育质量上来。实施教育重大工程项目要与人才培养模式改革紧密结合。

专栏24 职业教育基础能力建设工程

支持中等职业教育改革发展示范校和优质特色学校、示范性高等职业院校建设。支持适应区域经济产业发展要求的职业教育实训基地建设。实施职业学校教师素质提高计划，培训中、高等职业学校骨干教师，设立特聘兼职教师资助岗位。

> **专栏 25　提升高等教育质量工程**
>
> 　　继续实施"985 工程"和优势学科创新平台建设，继续实施"211 工程"和特色重点学科项目。继续推进研究生教育创新计划。实施中西部高等学校基础能力建设工程，支持中西部地方高等学校加强实验室、图书馆建设。继续实施高等学校高层次创新人才计划和海外人才引进计划，培养造就一批学科领军人才和一大批青年学术骨干。继续实施高等学校本科教学质量与教学改革工程和高等学校哲学社会科学繁荣计划。逐步化解高等学校债务。

八、促进区域、城乡教育协调发展

　　服务国家区域发展战略，推动区域、城乡教育协调发展。建立分区规划、分类指导的有效机制，到 2015 年，区域、城乡教育发展差距明显缩小，民族地区教育加快发展，东部地区基本实现教育现代化，教育对区域经济社会发展的支撑能力明显增强，内地（大陆）与港澳台教育交流与合作更加紧密。

（一）服务国家区域发展总体战略

　　提高对区域经济社会发展的支撑能力。贯彻落实国家关于推进新一轮西部大开发、全面振兴东北地区等老工业基地、大力促进中部地区崛起和积极支持东部沿海地区率先发展等区域发展总体战略，围绕区域发展的重点产业和特色优势产业，科学规划区域教育发展，调整区域教育布局结构、层次结构和人才培养结构。支持各经济区建立教育联动合作平台，更好服务区域经济社会发展。

对主体功能区实行差别化的教育政策。在优化开发和重点开发的城市化地区，加快发展高等教育和职业教育，提升为产业经济发展服务与贡献能力。加大对限制开发的重点生态功能区和农产品主产区财政转移支付力度，提供均等化的基本公共教育服务。在禁止开发的重点生态功能区探索实行财政全额承担基本公共教育服务的机制，大力发展职业教育与劳动力转移培训。在连片特困地区实施教育扶贫工程。

提升高等教育支撑区域发展的能力。推动高等学校全面融入区域经济社会发展战略和科技创新体系建设。支持环渤海、长三角、珠三角、哈长等区域建设高水平大学群，支持成渝、西安、武汉、长沙等地区建设中西部高等教育高地。支持沿海海洋高等学校建设和高等学校涉海专业发展。支持具有重要战略地位的西部边疆高等学校建设。

专栏 26　教育扶贫工程

在《中国农村扶贫开发纲要（2011—2020 年）》所确定的连片特困扶贫攻坚地区实施教育扶贫工程，加快连片特困地区教育事业发展，将新生劳动力和富余劳动力转化为高素质劳动者，有效缓解自然环境承载压力，根本改变贫困落后面貌。推进中等职业教育免费政策，开展区域、城乡中等职业学校对口招生，加强片区内中等职业学校特色优势专业建设。面向生态保护区实施教育移民，提高连片特困地区家庭经济困难学生资助标准和扩大覆盖面。鼓励教师在边远艰苦地区长期从教。率先实施农村义务教育营养改善计划。实施面向贫困地区定向招生专项计划，面向集中连片特困地区生源，每年专门安排一万名左右专项高等学校招生计划，实行定向招生。加大现有国家教育发展项目对贫困地区的倾斜力度。

（二） 加快缩小区域教育发展差距

加大对中西部教育发展支持力度。公共教育资源继续向中西部地区倾斜。加大东部发达地区支持中西部地区教育发展的力度，鼓励东部高等学校和职业院校扩大在中西部地区招生规模。继续实施支援中西部地区招生协作计划。支持中央部委属高等学校和东部地区高等学校对口支援西部地区高等学校。启动实施中西部高等教育振兴计划。

鼓励东部地区率先基本实现教育现代化。率先普及高中阶段教育和学前教育，加快推进教育信息化、现代化，积极推进义务教育阶段小班化，基本实现城乡教育一体化，加快提升高等学校科技创新与服务能力，在更高层次参与国际教育交流与合作，推进学习型社会建设，在完善教育体系、深化教育体制机制改革、调整教育结构等方面为全国教育现代化起引领示范作用。将解决进城务工人员子女就学问题作为衡量教育现代化水平的重要标准。

（三） 推动民族教育加快发展

优先支持民族地区教育发展。提高义务教育普及巩固水平，2015 年义务教育巩固率达到 90%，少数民族人口青壮年文盲率下降到 5% 以下。加快民族地区学前教育发展，学前三年毛入园率达到 55%，双语地区学前两年教育基本覆盖。以中等职业教育为重点，加快民族地区高中阶段教育普及，在教育基础薄弱民族地区改扩建、新建一批中等职业学校和普通高中，接收初中毕业未升入普通高中就学的学生进入中等职业学校学习。支持人口较少民族的教育发展。完善对口支援机制，指导和协调各省市加强对口支援西藏、新疆、青海教育工作。

积极稳妥推进双语教育。在双语地区建立学前教育和中小学教育相衔接，国家课程为主体、地方课程为补充，师资和教学资源配套，教学模式适应学生学习能力的双语教育体系。加强双语幼儿园、义务教育寄宿学校、双语普通高中建设，根据实际推进各民族学生合校和混班教学。开发双语教育教材、课外读物、多媒体等教学资源，开展教学方法研究。建设一批双语教师培养培训基地，推进民族地区教师教育向培养双语、双师型教师转变。通过增加编制、定向培养、"特岗计划"、对口支援、加强培训等措施加强民族地区双语师资队伍建设，并在绩效工资发放、职务（职称）评聘等方面向双语教师岗位倾斜。建立双语教学质量评价与督导机制，完善与双语教学配套的升学考试、就业等政策措施。

加快民族地区人才培养。根据民族地区特点和实际，推广"9+3"中等职业教育模式，在部分地区实行"二一分段"或"3+1"初中职业教育。联合文化、旅游等部门重点支持一批以保护传承民族文化艺术、民间工艺特别是非物质文化遗产为特色的职业院校和特色专业。扩大高等学校和职业院校面向民族地区招生规模，到2015年普通本专科少数民族学生占全国在校生的比例达到8%。进一步完善内地民族班办学和管理体制，办好内地西藏、新疆班，提高民族预科班办学质量。启动实施少数民族高端人才培养计划，继续实施少数民族高层次骨干人才培养计划。积极支持民族地区高等学校和民族院校特色专业建设，培养民族地区留得住、用得上的各类人才。

加强民族团结教育。在各级各类学校广泛深入开展民族团结教育。深入开展形式多样的民族团结主题活动，鼓励内地学校与民族学校开展"结对子"、"手拉手"活动。组织修订适合各学段特点的民族团结教育教材。在基础教育和中等职业教育课程中，将基本的民族常识和民族政策作为重要内容，因地制宜地将民族文化和民族团结活动纳入地方课程和综合实践活动中。在高等学校思想政治理论课中，加强马克思主义民族观教育，在民族院校和部分民族地区高等学校开设马克思主义民族理论与政策课程。

专栏27　民族教育发展工程

落实中央要求，继续加大对西藏、新疆及四省藏区教育事业的支持力度。支持民族地区高中阶段教育基础薄弱县改扩建或新建普通高中学校。加大对边境地区学校建设和发展的支持力度。

（四）统筹城乡教育发展

制定城乡学校布局规划。按照常住人口规划学校布局。统筹考虑人口变化和城镇化趋势，科学推进中小学布局结构调整。加强新兴城市（区）和县镇的学校建设，引导学龄人口有序流动。合理规划农村学校布局，保留和办好必

66

要的村小学和教学点。建立布局调整规划论证、听证制度，中小学校撤销与合并要公开征求意见，严禁强行撤并。

统筹规划城镇建设和学校布局。实行城市开发建设和学校建设同步规划，新农村建设和农村学校建设同步规划。鼓励优质教育资源向中小城市和城乡结合部延伸。探索高等学校和职业院校与高新技术开发区和产业聚集区配套建设，形成城市建设、产业发展、人才培养协调发展的产业生态系统。

探索城乡教育一体化发展机制。逐步统一城乡教育规划、建设标准、经费投入、师资配备和管理体制，探索城乡教育联动发展新模式，逐步实现城乡一体化。

合理规划学校的服务半径和办学规模。综合考虑人口、地理资源、环境、交通、经济等多重因素以及中小学、幼儿园的办学特点布局学校，确定学校服务半径，防止学生因上学距离过远而失学。鼓励采取开通校车等多种形式解决学生就学的交通问题。严格控制新建学校在校生规模，不搞超大规模学校。

（五）加强内地与港澳台地区的教育交流与合作

进一步提高内地（大陆）与港澳台地区教育交流与合作的实效。鼓励和支持港澳台地区教育机构与内地（大陆）合作办学、科研合作、互派教师授课、共同举办学术会议及建立产学研基地。进一步改进和完善内地（大陆）高等学校招收和培养港澳台地区学生的相关政策和办法，扩大招生规模。积极推动岛内全面承认大陆高等教育学历。

促进海峡两岸、内地与港澳地区的教育交流与合作进一步深化。搭建海峡西岸经济区与台湾、珠三角与港澳的教育交流合作平台，建设教育交流合作基地。支持珠海横琴新区和平潭综合实验区教育发展。鼓励和支持海峡两岸、内地与港澳地区相关机构建立合作关系，密切相互间的校际交流、学术交流和人员交流。

九、实施教育对外开放战略

坚持以开放促改革、促发展，提高我国教育的国际化水平。到2015年，我国教育体系更加开放，国际合作、区域合作、校际合作呈现新的格局，教育的国际、区域影响力和竞争力大幅度增强，初步建成亚洲最大的留学目的地国和有影响的国际教育、培训中心。

（一）开展多层次、宽领域的教育交流与合作

推动双边、多边和区域教育交流合作。扩大政府间学历学位互认，积极推进我国与周边国家以及联合国相关机构、欧盟、上海合作组织、东盟、非盟、阿盟、美洲国家组织等全球性和区域性组织的教育合作。培养、选派高级别专家进入相关国际组织，参与国际教育政策、规则和标准的研究和制定。完善涉外教育监管体系。

积极引进优质教育资源。鼓励各级各类学校和教育机构开展多种形式的国际交流与合作。重点支持一批示范性中外合作教育机构或项目。积极探索中外合作办学新模式。完善中外合作办学质量保障、办学评估、财务监控、信息披露和学生投诉等机制。有计划地引进世界一流的专家学者和学术团队，引进境外优秀教材。研究制订外籍教师聘任和管理办法，支持高等学校聘任外籍教师。

（二）提高我国教育的国际影响力

实施留学中国计划。到 2015 年全年来华留学人员达到 36 万人次，逐步扩大政府来华奖学金规模，重点资助发展中国家优秀学生。

积极参与国际学术交流。支持高等学校积极参与和举办具有国际影响的高水平学术会议，加大资助优秀学者参加国际学术会议的力度。逐步将中外大学校长论坛办成具有品牌影响力的国际论坛。

积极参与文化"走出去"工程。支持国际汉语教育。完善孔子学院发展机制，加强国际汉语师资队伍建设，探索建立高等学校毕业生海外志愿者服务机制，推动汉语国际地位提升。组织对外翻译优秀学术成果和文化精品，建立面向外国青年的文化交流机制。向世界宣传我国教育改革发展的成就和经验。

（三）提高服务国家对外开放能力

服务对外贸易、对外投资和对外援助。强化对外贸易特别是转变外贸方式急需人才的培养。紧密跟踪我国企业境外投资合作对各类人才的需求，努力实现投资、商品和人才同步"走出去"。加大对我国主要对外援助国急需人才的培养培训，更好地支持受援国经济社会发展。

加强国际问题研究。与有关部门共同研究制订区域和国别研究行动计划，组织高等学校对国家安全和世界各国的政治、经济、文化进行长期跟踪研究。加强高水平国际问题研究人才队伍建设，培养一批政治素质高、外语好、业务精、善于对外沟通并开展国际合作的专家学者。加强对非通用语人才和对发展中国家及中小国家研究人才的培养。建立一批区域和国别研究中心，为国家外交战略和参与经济全球化提供咨询服务。

加强边境学校建设。优先支持边境学校改善办学条件，引进优秀教师，提高办学水平。支持地处边疆、海疆的高等学校充分发挥服务国家外交、促进国际合作交流的作用，扩大招收相邻国家留学生规模，加大对外汉语教学，建立对外学术交流基地。

积极开展教育国际援助。配合国家外交战略，有计划地开展对发展中国家的教育援助，为发展中国家培养培训专门人才。把培养教师、医生、管理人员等受援国急需人才作为重点援助项目。鼓励高水平教育机构海外办学。

专栏28　教育国际交流合作工程

支持、引导办好一批高水平中外合作办学机构和国际联合实验室。实施大学校长和骨干教师海外研修培训计划。实施出国留学资助计划，到2015年，国家公派出国留学生规模达到2.5万人。实施留学中国计划，充分调动各方积极性逐步扩大来华留学生规模，其中中国政府奖学金留学生规模2015年达到5万人，使我国成为亚洲最大的留学目的地国。继续支持孔子学院和孔子课堂建设，提高汉语的国际地位。

十、建设高素质专业化教师队伍

完善教师管理制度，建立中国特色教师教育体系，提高师德水平和教师专业能力，显著提高农村教师整体素质。到 2015 年，初步形成一支师德高尚、业务精湛、结构合理、充满活力的高素质专业化教师队伍，造就一批教学名师和学科领军人才。

（一）加强和改革教师教育

优化教师教育结构。调整优化教师教育布局结构，构建以师范院校为主体、综合大学积极参与、开放灵活的现代教师教育体系。根据教育事业发展，科学预测教师需求，合理规划师范教育规模、结构。提高师范生培养层次，根据培养质量和就业情况，调控师范院校、专业的招生规模。调整师范教育的宏观结构，加大学前教育、特殊教育、职业教育师资的培养力度。规划建设一批幼儿高等师范专科学校，加强学前教育学科专业建设。开展初中毕业起点五年制学前教育专科学历教师培养试点。

改革师范生招生制度。师范生实行提前批次招生录取，加强录取过程中的面试环节，探索开展教师职业性向测试，将测试结果作为录取的重要参考依据，录取乐教、适教优秀学生攻读师范专业。

完善师范生免费教育制度。建立免费师范生进入、退出和奖励机制，改进就业办法，确保免费师范毕业生到中小学任教。采取多种形式支持到农村任教的免费师范毕业生的专业成长和长远发展。鼓励地方发展师范生免费教育，采取提前招生、公费培养、定向就业等办法，吸引优秀学生攻读师范专业，为农村学校特别是农村边远地区学校培养大批下得去、留得住、干得好的骨干教师。

创新教师教育培养模式。加强师范生师德和文化素质教育，注重通过文化熏陶培养教师气质。加强师范生教学基本功训练。提高新增教师国家通用语言文字应用能力。调整师范教育类专业设置和培养方案，推动学科专业教育与教师专业教育相结合，探索"4＋1"、"4＋2"中学教师培养模式。强化教学实践环节，落实师范生普遍到中小学和幼儿园教育实习一学期制度。建设一批教师教育改革实验区。积极推进教育硕士培养改革试点。

建立教师教育质量保障制度。制定实施中小学、幼儿园和职业学校教师专业标准，教师教育机构资质认证标准，教师教育质量评估标准，教师教育课程标准，实施师范教育类专业评估，探索教师教育机构资质认证，形成教师教育标准体系和质量保障制度。

（二）深化教师管理制度改革

加强师德师风建设。把师德表现作为教师资格认定和定期注册、绩效考核、职务（职称）聘任和评优奖励的首要依据，实行"师德"一票否决制。把师德教育渗透到职业培养、教师准入、职后培训和管理的全过程。切实贯彻落实《中小学教师职业道德规范》，制定实施中等职业学校教师职业道德规范、高等学校教师职业道德规范。每年组织推选全国教书育人楷模，大力宣传模范教师的先进事迹。修订《教师和教育工作者奖励规定》，完善国家教师表彰制度，对作出突出贡献的教师和教育工作者进行表彰奖励。

完善教师考核评价制度。建立以能力和业绩为导向、以社会和业内认可为核心、覆盖各类中小学教师的评价机制。完善中小学教师专业技术水平评价标准，国家制定基本评价标准，各地区制定具体评价标准。探索建立以同行专家评审为基础的中小学教师业内评价机制，健全工作程序和评审规则，建立评审专家责任制，推行评价结果公示制度。严禁简单用升学率和考试成绩评价中小学教师。加大教学工作在高等学校教师考核评价中的比重，探索实行学校、学生、教师和社会各界多元评价办法。

改革学校人事管理制度。制定高等学校教师编制标准和幼儿园教师配备标准。逐步实行城乡统一的中小学编制标准，对农村边远地区实行倾斜政策。鼓励地方政府在国家标准的基础上提高编制标准。按照"总量控制、统筹城乡、结构调整、有增有减"的原则，探索更加科学的编制管理办法。推动《教师资格条例》的修订工作，完善教师资格制度。制定中小学校长和教师专业发展标准，实施中小学教师资格考试改革和定期注册试点，建立"国标、省考、县聘、校用"的中小学教师职业准入和管理制度。建立五年为一周期的教师资格定期注册制度。扩大中小学教师职称制度改革试点，建立与事业单位岗位聘用制度相衔接、符合中小学教师职业特点的职务（职称）制度。制订中小学教师、高等学校教师和职业院校教师聘任制办法。建立健全招聘录用、考核评价、培训和退出等各级各类教师管理机制。全面实行聘任制度和岗位管理制度，实行新进人员公开招聘制度。推进管理人员职员制度建设。探索建立教师退出机制，不适应教学岗位需要的教师实行离岗培训，培训后仍然不能适应教师岗位要求的，可以实行调岗或另行安排工作；不符合教师资格标准要求的人员依法调整出教师队伍。

> **专栏29　健全教师管理制度，加强教师队伍建设改革试点**
>
> 　　制订优秀教师到农村地区从教的具体办法，探索建立农村教师专业发展支持服务体系，创新农村义务教育阶段教师全员培训模式，多种措施加强农村中小学教师队伍建设。完善师范生免费教育政策，扩大实施范围。创新教师教育体系和培养模式，探索中小学教师和校长培训新模式，构建区域协作的教师继续教育新机制，建设支撑教师专业化发展的教学资源平台。完善民族地区双语教师培养培训模式。开展教师资格考试改革和教师资格定期注册试点，建立中小学新任教师公开招聘制度和办法，探索建立教师退出机制。探索中小学校长职级制，深化中小学教师职称制度改革。

（三）鼓励优秀人才长期从教、终身从教

　　提高教师的地位待遇。推进《教师法》的修订工作，依法保证教师平均工资水平不低于或者高于国家公务员的平均工资水平，并逐步提高。保障教师合法权益。全面落实义务教育学校教师绩效工资，稳步推进非义务教育学校教师绩效工资实施工作。对长期在农村和艰苦边远地区工作的教师，在工资、职务（职称）等方面实行倾斜政策，完善津贴补贴标准，逐步缩小城乡教师收入待遇差距。推动面向教师的社会保障房建设。落实和完善教师医疗、养老等社会保障制度。

　　创新农村教师补充机制。完善农村义务教育阶段学校

教师特设岗位计划。积极推动地方采取到岗学费返还、补偿、代偿等措施吸引高等学校毕业生到农村任教。扩大实施农村学校教育硕士师资培养计划。坚持高年级师范生到农村学校教育实习一学期制度，健全城镇教师支援农村教师制度，完善鼓励支持新任公务员和大学生志愿者到农村学校支教的政策。

加强高等学校和职业院校教师队伍建设。鼓励各级政府设立专项资金，支持学校聘用拔尖创新人才，建设中青年创新团队，引进优秀外籍教师。继续实施海外高层次人才引进计划、长江学者奖励计划和国家杰出青年科学基金等人才项目。完善职业院校兼职教师制度，允许职业院校自主聘用专业技术人才、高技能人才担任专兼职教师，在职称、待遇上打破学历限制。创新薪酬分配方式，探索协议工资制等灵活多样的分配办法。

专栏30　义务教育教师队伍建设工程

继续实施农村义务教育阶段学校教师特设岗位计划。实施农村学校薄弱学科教师培养计划，通过国家和地方各级政府实施的培训计划，五年内对全国义务教育、学前教育、特殊教育教师以及义务教育校长和农村幼儿园园长实施一轮全员培训。实施边远艰苦地区农村义务教育学校教师周转宿舍建设工程。

（四）实行教师全员培训制度

实施五年一周期的教师全员培训。各地制定教师培训规划，以农村教师为重点，开展分层分类分岗培训。中央财政支持实施教师国家级培训计划，主要支持农村教师培训，到 2015 年对 550 万名中西部农村教师普遍开展一次培训。扩大音乐、体育、美术、外语、科学等学科紧缺薄弱教师培训的规模，加强幼儿教师、特教教师和班主任培训。继续实施中小学教师教育技术能力建设计划，加强县级农村教师培训机构基础能力建设，整合资源，形成区域性农村教师学习与资源中心。落实学校公用经费 5% 用于教师培训的规定。中央和地方各级政府设立教师培训专项经费并纳入财政预算。

改进教师培训体制机制。完善教师培训项目管理制度和质量评估制度，建立健全教师培训项目招投标机制。创新教师培训模式，采取短期集中培训、带薪脱产研修、远程教育、学术交流、海外研修和校本研修等多种方式开展教师培训。建立教师培训与教师考核、教师资格再注册和职务聘任等相挂钩的机制。制定校本研修计划和管理制度。将学校业务骨干所承担的培训工作计入本人工作量，并在工资待遇、考核评定中予以充分体现。

加强教师专业实践。依托大型企业和高等学校建设一批职业教育教师培训基地，培训一批"双师型"骨干教师。落实职业院校教师企业实践制度，资助职业院校教师到企业参加实践，并纳入教师培训计划。依托高水平大学建立一批高等学校教师培训基地。推动高等学校与企业合作，加强工科专业教师的实践研修。

十一、加强教育条件保障

完善教育投入保障、使用和管理机制，实施教育重大工程项目，加强学校基础能力建设，加强学校运行保障，提高学校信息化和现代化水平，形成支撑国家"十二五"发展目标的保障体系和教育强国的物质基础。

（一）全面落实教育投入政策

切实加大财政性教育经费投入。健全政府投入为主、多渠道筹集经费的体制，增加教育投入。优化财政支出结构，把教育作为财政支出重点领域予以优先保障。严格按照教育法律法规规定，年预算和执行中的超收收入分配要体现法定增长要求，保障教育财政拨款增长明显高于财政经常性收入增长。推动新增财力向教育倾斜，提高财政教育支出占财政支出的比重，提高预算内基本建设投资用于教育的比重。统一内外资企业和个人教育费附加制度，全面开征地方教育附加，落实从土地出让收益中按比例计算教育资金的政策，拓宽财政性教育经费来源渠道。

拓展社会投资渠道。推动完善财政、税收、金融和土地等优惠政策，鼓励和引导社会力量捐资、出资办学，推动有关部门出台教育捐赠便利性措施，落实公益性捐赠所得税前扣除政策。支持设立各种形式的公益性教育基金会和学校基金会，拓宽社会教育捐赠的渠道。完善教育捐赠经费的监督管理制度。

完善非义务教育培养成本分担机制。制订非义务教育阶段收费标准调整的程序和办法。各级学校收费标准在基

本稳定的基础上，依据经济发展状况、培养成本和群众承
受能力逐步加以调整。

**专栏31　完善教育投入机制，提高教育保障
水平改革试点**

探索政府收入统筹用于优先发展教育的办法，完善保
障教育优先发展的投入体制。探索高等学校多渠道筹集办
学经费的机制。根据办学条件基本标准和教育教学基本需
要，研究制定各级学校生均经费基本标准。

（二）切实提高教育投入效益

加强教育规划与经费安排的衔接。坚持以规划引领投
入、引领建设，通过科学规划提高教育投入的宏观效益。
认真研究各级各类教育经费的宏观结构，通过科学安排增
量，优化教育投入结构。制定并严格执行教育重大工程项
目规划制度，严格按照规划安排教育项目，避免重复建设
和浪费现象。

明确新增教育投入重点。新增教育投入主要用于促进
教育公平和提高教育质量，集中力量解决制约教育改革发
展中的瓶颈问题和事关人民群众切身利益的教育问题。中
央财政继续加大对中西部地区的支持力度，中央安排的教
育建设项目对西部地区和集中连片困难地区取消县级配套
资金。省级财政重点支持本省农村和欠发达地区教育事业
发展。

全面推进教育经费科学化、精细化管理。加强学校预
算管理，提高学校经费管理水平。健全民主理财制度，对

重大财务支出实行领导班子集体决策。稳步推行高等学校总会计师制度。加强经费监管，完善监督制度，对虚报数据、套取资金等违法违纪行为加大查处力度。严格教育经费审计制度，重点完善各级学校校长特别是高等学校领导干部经济责任审计制度。健全财务公开制度，制定各级各类学校定期公开财务收支的细则，确保各级政府和学校用好教育经费，发挥最大效益。

（三）加强学校基础设施建设

完善学校基本建设制度。政府保障公办义务教育阶段学校建设投入，公办幼儿园、中等职业学校、普通高中和高等学校基本建设以政府投资为主，多渠道筹措经费。推动地方各级政府统筹学校布局规划，完善"十二五"学校基本建设规划，科学安排教育基本建设投资，并纳入基本建设规划、土地利用规划和城乡建设规划。建立中央预算内投资教育项目绩效评价制度。鼓励各级政府出台对各级各类学校基本建设规费的优惠政策。

化解学校建设债务风险。全面完成义务教育债务化解工作。基本化解中央部属高等学校债务风险。统筹研究解决农村普通高中学校债务。通过中央财政予以奖补等措施，推动地方各级政府化解学校债务风险。防止公办义务教育学校出现新的负债建设。

落实学校建设标准。继续完善各级各类学校建设标准，加强学校建设的专业指导和技术服务。推动高等学校和职业院校制定和完善校园建设规划。加强学校建设项目的规划设计和建设标准落实情况的监督检查，保证校舍安全、适用，防止追求建设豪华学校。

改进学校基本建设管理。积极探索"代建制"，鼓励各级政府探索学校基本建设融资机制。加强建设项目管理，严格项目资金管理，健全项目实施程序，做到程序公开透明，使所有教育项目可操作、可监控、可评估。

（四）提高学校运行保障能力

完善农村义务教育经费保障机制，建立义务教育学生公用经费标准动态调整机制。推动各地政府制定公办幼儿园、普通高中、职业院校和地方高等学校生均拨款标准和公用经费标准。创新学校拨款体制机制，促进教育财政政策和教育发展政策有机结合。在完善经费监管制度的基础上，扩大学校经费使用自主权。设立高等教育拨款咨询委员会，完善高等学校财政支出绩效评价体系，构建以绩效为导向的资源配置机制。

（五）加快实施教育信息化战略

超前部署教育信息网络。发布实施《教育信息化十年发展规划（2011—2020 年)》，把教育信息化纳入国家信息化发展战略。加快中国教育和科研计算机网、中国教育卫星宽带传输网升级换代，全面推进下一代互联网建设与应用，建设先进的教育信息化基础设施。坚持标准先行，建立健全教育信息化标准体系。探索数字校园、智能教室建设，建立沟通学校、家庭、社区的学习网络。到 2015 年，教育信息化基础设施更加完善，农村中小学现代远程教育基本实现班班通，数字化校园覆盖率达到 50% 以上。

推动优质资源的开发、集成与共享。出台国家精品开放课程建设的实施意见，加快数字教育资源开发，启动建设国家优质教育资源中心。支持、引导、激励各级各类学校和社会机构开发优质教育资源，建立覆盖各级各类教育所有课程的教育资源库和公共服务平台。推进中国语言资源有声数据库建设，保护中华语言文化资源。

提高、发展教师的信息化技能。强化教师教育资源库建设，探索建设"未来教室"，作为教师教育和实践创新的重要平台。开展教师信息技术应用全员培训，组建多种类型的教师网络学习共同体。到2015年，85%以上的教师基本具备运用信息技术开展教育教学的技能。推动信息化和教育教学改革有机结合，鼓励各地大胆应用信息技术开展教学改革试验。

提高学生的信息化学习与生存能力。加强各级各类学校信息技术教学，使学生学会运用信息技术自主学习。大力营造良好网络环境，强化校园网络的管理与规范，加强大学生思想政治教育网络平台建设。

建设全国教育管理信息系统。完善教育统计和基础信息系统。建立国家教育基础信息库，开发教育管理应用系统、决策支持系统、监测分析系统和面向社会的教育信息服务系统。在建设和应用中小学校舍安全工程信息化管理系统的基础上，建立教育基本建设信息化管理系统。

专栏32　教育信息化建设工程

提高农村中小学多媒体远程教学水平，为农村中小学75%的班级配备多媒体远程教学设备。中西部农村地区有计算机教室的中小学达到50%以上。积极推进数字化校园建设。整合、开发和引进各类优质教育资源，建设涵盖各级各类教育的国家优质教育资源库和共享服务平台。基本建成较完备的国家级和省级教育基础信息库以及教育质量、学生流动、资源配置和毕业生就业状况等监测分析系统。通过教育信息化带动教育现代化，推动教育内容、方法和手段深刻变革。

十二、组织实施

（一）加强组织领导

加强教育规划实施的领导。把优先发展教育作为长期坚持的重大方针，并将落实"三个优先"的情况、实施《教育规划纲要》和本规划的情况，作为各级教育行政部门贯彻落实科学发展观政绩考核的重要内容。健全规划实施的中期评估和年度监测制度，完善考核机制和问责制度。将各级党政领导班子成员定点联系的学校、联系责任和工作情况向社会公布。

加强和改进教育系统党的建设。加强党对学校工作的领导，坚持社会主义办学方向，牢牢把握党对学校意识形态工作的主导权。扎实推进教育系统创先争优活动和学习型党组织建设，提高教育系统各级党组织贯彻落实党的教育方针的能力。进一步加强民办学校党的建设，积极探索党组织发挥作用的途径和方法。健全各级各类学校党的组织，扩大覆盖面。加强在优秀青年教师、学生中发展党员工作，重视并加强学校共青团、少先队工作。进一步加强和改进大学生思想政治教育，创新高等学校网络思想政治教育。进一步加强学校领导班子和领导干部队伍建设，进一步完善领导班子和领导干部考核评价办法。加强教育行政管理干部培训，提升教育管理能力。开展一轮面向各省、自治区、直辖市教育行政部门负责人和校长的公共管理等方面的培训，提升与媒体和社会沟通及处置公共事件的能力。

加强教育系统党风廉政和行风建设。严格执行党风廉政建设责任制，加大教育、监督、改革、制度创新力度，基本形成体现教育系统特点的惩治和预防腐败体系。坚决惩治腐败和治理行业不正之风，深入开展专项治理，规范学校收费行为，树立和维护教育系统的良好形象。加强职业道德和学术道德建设，对严重违反职业道德和学术道德的行为加大惩处力度。

（二）加强对规划实施的监督检查

落实责任分工。对规划提出的目标任务进行分解，明确责任分工，制订实施方案。对改革和发展的重点任务，制订时间表、路线图并向社会公布。加强国家和地方教育规划、教育总体规划和分项规划的衔接。

加强监测评估。组织对规划实施情况的中期评估和跟踪监测。教育行政部门定期发布教育改革发展动态，收集编辑教育改革发展案例，及时总结各地在实施规划中的经验教训，积极推广先进经验。

加强社会监督。及时向社会公布规划实施进展状况，主动接受家长、社会、媒体参与规划实施的监督。将社会各界对规划的意见和建议作为规划调整的重要依据。

（三） 加强对教育改革与发展的宣传

构建立体化宣传网络。加强和改善对教育宣传工作的领导，推动各地各高等学校指定专门的通讯员、观察员、评论员和新闻发言人，通过培训、组织开展宣传活动等多种形式，提升教育新闻舆论引导能力。发挥教育电视台、报刊社作用，建立教育系统新闻宣传联络协调沟通机制，按照中央关于教育工作、关于宣传工作的要求，形成横向和各类媒体密切联系，纵向与各级教育部门、各级各类学校有效对接的立体化宣传网络。

做好宣传工作。提升各级教育宣传部门的组织策划能力，组织各级教育宣传部门深入挖掘、大力宣传教育战线的感人事迹，大力宣传各级党委政府重视教育的成功做法，大力宣传社会各界关心支持教育的先进典型，以典型人物、典型经验推动教育工作。制定教育系统"六五"普法规划，大力开展普法教育。

切实保障人民群众对教育工作的知情权、参与权和监督权。加大权威信息发布力度，大力宣传各地、各部门、各单位贯彻落实《教育规划纲要》和本规划的思路、举措、方案，及时了解人民群众的所思、所盼、所忧，积极回应人民群众的教育需求。加大对重大教育政策的宣传与引导，支持媒体对教育事件的全面准确报道，形成共同促进教育事业科学发展的良好舆论氛围。

（四） 确保校园稳定安全和谐

深入开展平安校园、文明校园、绿色校园、和谐校园创建活动。完善学校突发事件应急管理机制，加强教育系统应对自然灾害能力建设。加强教育系统稳定风险评估和监测，建立高等学校安全稳定工作部省校三级联动研判制度。继续推进高等学校后勤改革，建立学生食堂运行长效机制。在各级各类学校建立健全有效的利益协调机制、诉求表达机制、矛盾调处机制、权益保障机制。

加强学校安全管理。研究制定学校安全的行政法规。完善学校内部安全管理制度，确保学校食品安全、人身安全、设施安全和活动安全。建立多部门合作的校园安全责任制，建立校园安全预防、监测和处置机制，建立数字化校园安全监管系统，有效防范校园恶性安全事件。会同相关部门开展校园周边治安综合治理。配合交通安全和管理部门，加强高等学校校园交通管理，加强中小学校车安全工作。

第一部分 发展环境

1. "十一五"时期教育改革发展的主要成就是什么?

"十一五"时期,党中央、国务院高度重视教育工作,各级党委、政府坚持教育优先发展,社会各界共同关心,教育系统齐心协力,教育事业发展取得了显著成就,实现了从人口大国向人力资源大国的转变,推进了科技创新、文化繁荣,为经济发展、社会进步和改善民生作出了巨大的贡献。中国教育迈上了由大到强的新征程。

一是召开了新世纪第一次全国教育工作会议,发布了《国家中长期教育改革和发展规划纲要(2010—2020年)》(以下简称《教育规划纲要》)。在党中央、国务院直接领导下,通过广泛动员各方面力量,广纳群言、广集众智,问政于民、问需于民、问计于民,历经近两年的努力,制定和实施了《教育规划纲要》。2010年7月,党中央、国务院在北京召开了新世纪第一次全国教育工作会议。胡锦涛总书记、温家宝总理发表了重要讲话,刘延东国务委员作了总结讲话。会议全面总结了新中国成立特别是改革开放以来我国教育改革发展的历史经验,丰富和发展了中国特色社会主义教育理论体系,描绘了未来教育改革发展的宏伟蓝图,指明了教育事业科学发展的方向,开启了中国从人力资源大国向人力资源强国迈进的历史征程。

二是教育发展水平迈上新台阶。"十一五"时期,我国实现了全面普及九年义务教育,正在向普及高中阶段教育迈进。2010 年，全国初中毛入学率达到 100.1%，初中三年巩固率达到 93.8%；职业教育取得突破性进展，中等职业教育和高等职业教育招生、在校生分别占了高中阶段教育和高等教育的半壁江山，其中中等职业教育招生达到 870.4 万人，在校学生达到 2232 万人；高中阶段教育毛入学率达到 82.5%；高等教育大众化水平进一步提高，毛入学率达到 26.5%；学前教育规模不断扩大，在园幼儿达到 2976.7 万人，学前三年毛入园率达到 56.6%，比 2005 年大幅提高了 15.2 个百分点；残疾儿童少年义务教育普及水平进一步提高，在校学生达到 42.5 万人，特殊教育体系逐步完善；继续教育稳步推进，数以亿计的职工和农民接受了各种形式的岗位培训、职业培训和文化技能教育。

三是受过教育的年轻一代成为新增劳动力的主体。教育事业的快速发展和人力资源开发水平的显著增强，有力地提升了劳动者素质。"十一五"期间，中等职业教育向社会输送 2870 多万名毕业生，高等教育中研究生教育和普通本专科教育累计培养毕业生 2610 万人。据测算，目前我国 15 岁以上人口平均受教育年限达到 9 年，新增劳动力平均受教育年限达 12.7 年，高出世界平均水平 1 年以上，主要劳动年龄人口的平均受教育年限达到 9.6 年，其中受过高等教育的比例为 10.5%。有知识、有文化的年轻一代已成为新增劳动力的主体，为建设人力资源强国奠定了坚实基础。

四是促进教育公平迈出重大步伐。以加快发展促公平，推动了各级各类教育入学率进一步提高。首先，以资源配置促公平。2006 年修订《义务教育法》，将合理配置教育资源、促进义务教育均衡发展作为对政府的法定要求。坚持教育资源向农村地区、民族地区、边远贫困地区和薄弱学校倾斜，将新增教育经费主要用于农村，努力缩小教育发展区域和城乡差距；初中生均预算内公用经费东西部地区比例从 2005 年的 1.7 倍缩小到 2010 年的 1.1 倍，小学从 1.7 倍缩小到 1.2 倍；实施中西部高等学校招生协作计划，缩小区域间高等教育入学机会差距。其次，以完善资助促公平。城乡免费九年义务教育于 2008 年全面实现，惠及 1.6 亿名学生；国家教育资助体系已覆盖各级各类教育，有效确保了不让一个孩子因为家庭经济困难而不能上学或辍学。再次，以规范管理促公平。通过实施高校招生"阳光工程"，加强教育收费管理，建立教育收费听证、公示和责任追究制度等措施，教育行风行纪得到明显规范。

五是各级各类教育质量进一步提高。基础教育课程改革取得了明显成效。基本建立了有中国特色的、更加符合时代要求的新课程体系，学生社会责任感、创新精神和实践能力的培养受到高度重视；注重学生成长过程和全面发展的评价体系正在形成。职业教育以就业为导向，积极推进工学结合、校企合作、顶岗实习等人才培养模式，专业设置紧密贴近产业需要，产教结合平台建设取得重要进展，技能大赛涌现出一大批杰出青年技能人才。通过实施"985工程"和"211 工程"，推动高等教育质量的提升。培养了一批高质量、高层次的人才，会聚了一批国际水准的大师和学者。自主创新能力快速提升，产生了一批代表国家水平的重大科研成果。提高了我国高等学校的整体水平和国际竞争力，缩小了与世界一流大学的差距。高等教育以提高质量为核心，实施"高等学校本科教学质量与教学改革工程"，强化了教学在高校工作中的中心地位，造就和涌现了一大批优秀教学团队和教学名师，大学生创新实践能力培养得到加强。中小学德育工作和高校思想政治工作不断取得新成绩。学校体育、卫生工作取得明显成效，艺术教育和国防教育得到加强，教育质量不断提高。

六是高等教育对科技创新的贡献更加显著。建设了一批高水平的研发基地和科技创新平台，基础研究、高新技术研发和成果转化取得丰硕成果。2010年高等学校科技成果获国家奖数达198项，比2005年增加了55项，国家自然科学奖、技术发明奖、科技进步奖三大奖一半以上出在高校；2006年以来连续三年每年取得的重大科技成果都在7000项以上，普通高校获得授权的专利数从2005年的7399项增长到2010年的43153项，增长了4.8倍，为建设创新型国家作出重要贡献。

七是教育基础能力得到全面提升。教育经费快速增长，2010年教育总经费达到19561.85亿元，比2005年增长了132%，其中国家财政性教育经费达到14670.07亿元，比2005年增长了184.24%。五年来，国家实施了全国中小学校舍安全工程、农村初中校舍改造工程，以及职业教育基础能力建设、特殊教育学校建设等一系列重大工程项目。《教育规划纲要》发布后，启动十项重大工程项目，农村义务教育薄弱学校改造计划、农村学前教育推进工程、边远艰苦地区农村学校教师周转宿舍建设等一大批重大工程开始实施。学校面貌焕然一新，各级各类学校办学条件明显改善，教育信息化水平明显提高。

八是教师队伍建设取得重要进展。教师队伍整体素质和能力不断提升。2010 年全国小学具有大专及以上学历的专任教师比例由 2005 年的 56.4% 提升至 78.3%，初中具有本科及以上学历的专任教师比例由 35.3% 提升至 64.0%。职业教育"双师型"教师比例明显增加。普通高校研究生学位教师比例达 57.1%，比 2005 年提高了 16.8 个百分点。创新义务教育教师补充机制，2006 年启动实施"农村义务教育阶段学校教师特设岗位计划"。截至 2011 年，招聘 23.5 万名特岗教师到中西部 1000 多个县 2.7 万所农村学校任教。在 6 所教育部所属师范大学实行免费师范生教育取得重要进展。2010 年启动实施"国培计划"，两年来培训幼儿园、中小学教师 2.5 万人，促进各地加大教师培训力度，中小学教师全员培训的制度初步建立。实施高层次创造性人才计划，引进、培养和造就了一批拔尖创新人才和创新团队，高校教师队伍建设得到显著加强。

九是教育改革迈出新步伐。教育经费保障机制改革取得重要进展。国家建立了中央和地方分担的农村义务教育经费保障机制，2009 年，全国义务教育经费总投入达到 7249.2 亿元，比 2005 年翻了一番。教师管理制度和绩效工资制度改革取得突破。义务教育学校绩效工资 2010 年兑现到位，覆盖在职人员 1051 万人，退休人员 382 万人。办学体制改革逐步深化，民办教育健康有序发展，2010 年各级各类民办教育在校生 3393 万人，比 2005 年增长 67.6%。高校招生考试制度、研究生培养体制改革不断深入，部分大学自主选拔录取改革试点获得社会认可。区域教育综合改革试验取得初步成效。《教育规划纲要》发布后，成立了由 20 个部门组成的教育体制改革领导小组。各地积极参与国家教育体制改革试点，2010年国务院确定国家教育体制改革试点项目425项，教育改革创新呈现全面推进的新格局，教育改革发展活力进一步增强。

十是教育对外开放进一步扩大。国际交流与合作日益深入广泛。我国与世界主要国家和国际组织的教育合作交流日趋机制化，与发展中国家的合作大大加强。2010年各类出国留学人员达28.47万人，留学回国人员13.48万人。来华留学生规模稳定增长，2010年在学人数达26.5万人，"十一五"期间年均增长11.3%。我国与世界上188个国家和地区建立了合作与交流关系。中外合作办学机构稳步发展。汉语国际推广取得新突破，教育对外援助成效显著。截至2010年底，我国已在96个国家和地区建立了322所孔子学院和369个孔子课堂。据不完全统计，目前国外有超过4000万人在学习汉语。

《教育规划纲要》发布以来，教育优先发展的战略地位进一步落实，教育改革有序推进，教育投入大幅增加，各级党委、政府重视教育达到了新高度，社会各界关心教育呈现出新氛围，教育改革发展正处在最有利的历史机遇期，站在了一个新的起点上。

2. 为什么说"十二五"时期是贯彻落实《教育规划纲要》的关键时期？

《教育规划纲要》描绘了从2010年到2020年教育事业发展的宏伟蓝图，是指导未来十年我国教育改革发展的纲领性文件。"十二五"时期是贯彻落实《教育规划纲要》的关键时期，主要体现在以下四个方面：

第一，"十二五"时期是为实现《教育规划纲要》战略目标奠定基础的关键五年。《教育规划纲要》提出到 2020 年要基本实现教育现代化、基本形成学习型社会、进入人力资源强国行列的宏伟目标，并提出了实现更高水平的普及教育、形成惠及全民的公平教育、提供更加丰富的优质教育、构建体系完备的终身教育、健全充满活力的教育体制等五个方面的战略目标。《教育规划纲要》确定的这些战略目标，必须在"十二五"时期分解落实，按照分区规划、分类指导的原则，进一步细化、实化和量化，分步推进。

第二，"十二五"时期是贯彻实施《教育规划纲要》重大任务措施的关键五年。《教育规划纲要》确定了今后十年教育改革发展的八大发展任务，并提出了若干重大战略举措。要落实这些任务措施，必须从规划、制度、标准、政策、项目入手，完善和落实《教育规划纲要》任务分工方案，明确"十二五"时期工作重点，细化主要任务，抓住关键领域、薄弱环节，为贯彻落实《教育规划纲要》任务措施奠定基础。

第三，"十二五"时期是加快教育体制改革的关键五年。教育要发展，根本在改革。《教育规划纲要》将改革放在突出位置，提出了人才培养体制改革、考试招生制度改革、建设现代学校制度、办学体制改革、管理体制改革、扩大教育开放等六大改革举措，并明确提出组织开展改革试点。教育体制改革是一项长期而艰巨的任务，"十二五"期间，要把推动改革创新、完善重大制度作为战略重点，以教育体制改革试点为抓手，充分发挥各方面的积极性、主动性和创造性，加强统筹协调，为教育事业持续健康发展提供强大动力。

第四，"十二五"时期也是推进教育发展重大项目的关键五年。《教育规划纲要》围绕教育改革发展战略目标，着眼于促进教育公平、提高教育质量、增强可持续发展能力，提出组织实施一批重大项目。《教育规划纲要》发布后，教育部成立了重大项目工作小组，将10个重大项目细化为37个子项目，目前这些项目已相继启动实施。"十二五"期间，要以加强关键领域和薄弱环节为重点，以落实重大工程项目作为战略抓手，切实组织实施好重大项目，为教育改革发展夯实基础。

3. "十二五"时期教育事业发展面临哪些挑战？

"十二五"时期是全面建设小康社会的关键时期，是深化改革开放、加快转变经济发展方式的攻坚时期。教育改革发展面临的国内外形势发生了重大变化，面临许多新的挑战。

从国际来看，当今世界正处于大发展大变革大调整时期，全球人才、科技和教育的竞争日益加剧。教育竞争力决定经济竞争力。国际金融危机以来，为应对挑战，解决失业问题，促进经济复苏与社会繁荣，世界各国纷纷加大了对教育的投入，通过大力发展教育保持经济增长，从而提高国家竞争力。可以说，教育已成为各国抢占未来发展制高点的关键领域。

从国内来看，教育改革与发展也面临着前所未有的机遇和挑战。具体说来，主要有以下几个方面：

一是转变发展方式对教育提出了新要求。当前，我国经济总量已居世界第二位，人均GDP超过4000美元，进入了经济社会发展的新阶段。但总体来看，我国经济发展仍是主要依靠增加生产要素的投入来实现增长，投入大、消耗高、效益低，面临着严峻的资源和环境约束。作为拥有13亿人口的大国，要保持"十二五"时期经济又好又快发展，迫切需要转变经济发展方式，依靠科技进步、劳动者素质提高和管理创新来实现可持续发展。转方式、调结构，迫切要求建立合理的教育结构和人才培养结构，加快培养大批应用型、技能型、复合型的高素质人才和拔尖创新人才，为经济转型和产业升级提供智力支撑和人才支持。

二是保障和改善民生对教育提出了新需求。《中华人民共和国国民经济和社会发展第十二个五年规划纲要》（以下简称《国家"十二五"规划纲要》）提出要把保障和改善民生作为加快转变经济发展方式的根本出发点和落脚点。保障和改善民生，迫切需要建成覆盖城乡的基本公共教育服务体系，推进教育公平，使全体人民共享改革发展的成果。同时，教育也是有效缩小收入分配差距、消除贫困代际转移和促进就业的有效途径。改善社会分配结构，提高中等收入者比重，迫切需要加快教育发展，提高劳动者的价值创造能力，从而提高劳动者的收入，使中等收入阶层不断壮大，使劳动者实现体面劳动和过上有尊严的生活。

三是推动社会主义文化大发展大繁荣赋予了教育新使命。党的十七届六中全会对坚持中国特色社会主义文化发展道路、建设社会主义文化强国作出了战略部署。教育是传承文化的重要载体、引领文化的重要力量、创新文化的重要源泉、促进文化交流的重要渠道，深化文化体制改革，推动社会主义文化大发展大繁荣，加强社会主义核心价值体系建设，迫切需要充分发挥教育的文化传承创新作用，为增强我国文化软实力和中华文化影响力作出积极贡献。

四是促进区域经济社会协调发展对教育提出了新任务。《国家"十二五"规划纲要》明确提出实施区域发展总体战略和主体功能区战略。教育是区域经济社会发展战略的重要内容，也是促进区域经济社会协调发展的前提和基础。当前，我国区域之间教育发展水平还有较大差距，教育对区域经济社会发展的支撑能力还不强。促进区域经济社会协调发展，迫切需要进一步加强对区域教育发展的统筹，增强区域教育政策的针对性，缩小区域教育发展差距，形成东中西部地区协调发展的局面。

五是实现人的全面发展对教育提出了新要求。从教育自身来看，我国已进入了加快建设教育强国和人力资源强国的历史新阶段。随着经济社会发展水平的提高和社会的全面进步，人民群众对接受多样化和高质量教育的需求更为迫切。满足社会成员多样化学习和人的全面发展需要，必须加快教育发展，为学习者提供更加全面的教育服务，为广大人民群众提供更加丰富的优质教育和终身教育，推动社会成员自我价值的实现，促进人的全面发展。

第二部分　指导思想、主要目标和基本思路

4. 《教育"十二五"规划》的基本定位是什么？

"十二五"时期是贯彻落实《教育规划纲要》的关键五年。编制好《国家教育事业发展第十二个五年规划》（以下简称《教育"十二五"规划》），科学谋划"十二五"教育改革发展，对于实现《国家"十二五"规划纲要》和《教育规划纲要》目标任务都具有重要意义。《教育"十二五"规划》在编制过程中，着重体现了两个方面的基本定位：

一是《国家"十二五"规划纲要》的子规划与支撑规划。《国家"十二五"规划纲要》明确提出"十二五"期间经济社会发展以科学发展为主题，以加快转变经济发展方式为主线。坚持主题、服务主线是"十二五"时期教育改革发展的战略任务。根据"十二五"期间国家经济社会发展的形势，《教育"十二五"规划》在分析了经济社会发展对教育的总需求和需求结构的基础上，明确了"十二五"时期教育改革和发展的战略重点和关键环节，突出了教育与经济社会发展的紧密协同。

二是《教育规划纲要》的启动计划和行动计划。《教育规划纲要》是指导从现在起到 2020 年我国教育改革发展的纲领性文件，其所确定的战略目标、战略任务和重大举措都要在"十二五"期间启动落实。根据《教育规划纲要》提出的总体要求，《教育"十二五"规划》对《教育规划纲要》目标任务进行了细化和分解，分步推进，力图在

"十二五"期间为实现《教育规划纲要》总目标起好步，打好基础。

根据《教育"十二五"规划》的定位，规划编制突出了三个重点：一是根据"十二五"期间国家经济社会发展的形势，梳理"十二五"时期教育改革和发展的战略重点和关键环节，将《教育规划纲要》提出的目标任务进一步细化、实化和量化。二是围绕《教育规划纲要》提出的总目标，突出"十二五"时期为实现总目标起好步、打基础的总体要求，夯实制度基础、人才基础和条件基础。三是分析经济社会发展对教育的需求，促进各级各类教育尤其是职业教育和高等教育布局、结构、供给体制与国家的产业结构、区域发展、城镇化战略和对外开放战略紧密协同。

5. 规划编制主要经历了几个阶段？

《教育"十二五"规划》是贯彻落实《教育规划纲要》的第一个五年规划。刘延东国务委员高度重视，亲自听取规划编制工作汇报，并多次对规划编制工作作出重要指示。教育部成立了由袁贵仁同志为组长的规划编制工作领导小组，自2009年10月份开始正式启动了《教育"十二五"规划》编制工作。规划编制主要过程分为研究起草、征求意见两个阶段。

研究起草阶段。一是认真学习领会中央精神。认真学习第四次全国教育工作会议精神和《教育规划纲要》，学习党的十七届五中全会、中央经济工作会议等会议精神，学习胡锦涛总书记在清华大学百年校庆大会和建党九十周年大会上的讲话精神以及温家宝总理、刘延东国务委员关于教育问题的讲话精神，将中央最新精神充分体现到规划中。

二是组织重大课题研究。同中共中央党校、国家行政学院、中国社会科学院完成了国务院部署的"十二五"教育发展战略研究课题。围绕《教育规划纲要》的贯彻落实，组织北京大学、清华大学、中国人民大学、南开大学、对外经济贸易大学、中央财经大学，以及 6 所部属师范大学、国家教育发展研究中心、中国教育科学研究院等多家单位开展了 27 项重点课题研究，形成了 100 万字左右的课题研究报告。三是开展系统调研。分地区召开了教育行政部门、学校参加的座谈会。鲁昕同志 6 次主持召开座谈会，听取经济、社会、教育等各方面专家和地方教育行政部门负责同志的意见。起草组还到各地进行了实地调研，认真吸收了各方教育改革发展的新经验。

征求意见阶段。广纳群言、广集群智是《教育规划纲要》编制的成功经验，也是《教育"十二五"规划》编制过程的一个突出特点。规划文本先后三次征求了 31 个省（自治区、直辖市）、新疆生产建设兵团和 5 个计划单列市教育行政部门的意见，收到意见 600 余条；以国家教育体制改革领导小组办公室名义征求了 48 个中央部门和国务院部委、解放军四总部、共青团中央、8 个民主党派中央、全国工商联及有关人民团体的意见，收到意见近 700 条。对各方面意见和建议，都逐条梳理，分类建档，认真研究吸收。

6. 规划编制的主要特点是什么？

《教育"十二五"规划》的核心是两个词：一是"服务"，二是"落实"。服务就是突出为加快转变经济发展方式、改善民生和人的全面发展服务，落实就是要把《教育规划纲要》提出的总体目标和战略任务落到实处。为此，《教育"十二五"规划》编制做到了"两个同步"：

一是与国家总体规划和重大专项规划编制同步。一方面认真研究国家经济社会发展新战略对教育改革发展提出的新要求、新任务；另一方面做好《教育规划纲要》确定的重大政策、重大工程项目与《国家"十二五"规划纲要》的衔接工作，并与国家基本公共服务体系、自主创新能力建设、城镇化体系建设等国家重大专项规划，以及西部大开发等区域发展规划和各主体功能区的规划编制紧密结合，及时将各专项规划的精神体现到《教育"十二五"规划》中，将教育发展的要求反映到上述国家规划中。

二是与《教育规划纲要》贯彻实施同步。《教育"十二五"规划》的起草过程也是不断吸纳最新政策成果和实践成果的过程。《教育规划纲要》颁布实施后，一系列重大教育政策相继出台，许多领域取得了重要突破，各地在贯彻落实《教育规划纲要》中也积极探索和积累了不少成功经验，这些政策和实践成果都在规划中予以充分体现。

7. 如何理解"十二五"时期教育事业发展的指导思想？

在指导思想上，《教育"十二五"规划》按照《教育规划纲要》提出的"优先发展、育人为本、改革创新、促进公平、提高质量"的工作方针，提出以科学发展为主题，以适应加快转变经济发展方式要求、创新和完善中国特色社会主义教育发展道路为主线，坚持尊重规律、科学发展和依法治教，推动教育事业在新的起点上实现科学发展，服务加快转变经济发展方式和人的全面发展。同时，《教育

《"十二五"规划》突出强调了要为全面实现《教育规划纲要》目标任务奠定三个方面的基础：

一是制度基础。"十二五"时期是加快教育体制改革的关键五年。《教育规划纲要》将改革放在突出位置，提出了六大改革举措，并明确提出组织开展十大改革试点项目。教育体制改革是一项长期而艰巨的任务，《教育"十二五"规划》提出要更新教育观念，把推动改革创新、完善重大制度作为战略重点，以教育体制改革试点为抓手，以人才培养体制改革为核心，创新国家教育制度，努力为实现《教育规划纲要》目标奠定制度基础。

二是人才基础。教育大计，教师为本。《教育"十二五"规划》把加强教师队伍建设摆在突出重要位置，提出以农村教师队伍建设为重点，坚持人才兴教战略，推进教师制度改革，建设一支师德高尚、业务精湛、结构合理、充满活力的高素质专业化教师队伍，为实现教育强国目标奠定人才基础。

三是条件基础。促进教育公平、提高教育质量，深化人才培养体制改革，离不开办学条件保障。"十二五"时期是推进教育发展重大项目的关键五年，《教育"十二五"规划》明确提出了要以落实重大工程项目作为战略抓手，加大教育投入，改善各级各类学校办学条件，大力推进学校标准化、信息化和现代化建设，为"十二五"教育改革发展提供坚实的条件保障和物质基础。

8. 如何理解"十二五"期间教育改革发展的目标？

"十二五"时期教育改革发展的总目标是：全面提高教育服务现代化建设和人的全面发展的能力，为实现《教育规划纲要》提出的到 2020 年基本实现教育现代化、基本形成学习型社会、进入人力资源强国行列目标奠定坚实基础。同时，按照总体目标的要求，提出了四个方面的分目标：

一是教育事业发展目标。《教育规划纲要》提出了实现更高水平的普及教育这一目标，并明确了 2015 年教育事业发展主要目标。《教育"十二五"规划》对《教育规划纲要》有关指标进行了分解，提出了分区域、分城乡的各级各类教育事业发展目标，以及教师队伍建设的目标，力求使目标更具有可操作性。在高中阶段教育发展目标方面，提出到 2015 年实现基本普及高中阶段教育，这是我国教育发展又一个重要战略目标。此外，需要特别指出的是，考虑到《教育规划纲要》发布以来，学前教育发展的良好形势和各地的积极性，规划将 2015 年学前三年毛入园率目标由 60% 调整为 65%，学前一年、两年毛入园率目标也相应作了调整，其他主要指标与《教育规划纲要》目标衔接一致。

二是教育体系和制度建设目标。在体系建设方面，根据《教育规划纲要》的部署和现代教育体系建设的客观要求，提出了初步建成体现终身教育理念、基本适应建设现代产业体系和加强社会建设需求的现代教育体系的目标。在制度建设方面，提出教育体制更富活力、教育体制改革试点取得阶段性成果、教育制度创新取得重要突破、保障教育优先发展的投入体制更加完善的目标。

三是教育支撑经济发展和科技创新目标。《教育"十二五"规划》从人力资源开发水平、人才培养结构方面提出了教育支撑经济发展的目标；从高校科研水平、科研成果、发明专利授权数方面提出了高等教育服务科技创新的目标，努力提升教育支撑经济发展和科技创新的能力水平。

四是教育服务社会和文化建设目标。教育公平是社会公平的基础，《教育"十二五"规划》分别从教育公平、促进就业和改善民生、教育资助政策体系三方面提出了教育服务社会建设的目标。同时，服务社会主义文化大发展大繁荣，提出了教育在文化传承创新方面的目标。

这四个方面的目标，是有机统一的整体，是对《教育规划纲要》提出的目标任务的进一步细化、实化和量化，充分体现了为《教育规划纲要》目标任务奠定基础的战略定位。

9. 怎样理解"十二五"期间教育改革发展的基本思路？

"十二五"时期教育改革发展的基本思路是：更新教育观念，坚持改革创新，抓好工作落实，提升基础能力，促进协调发展，服务国家战略。

更新教育观念。观念是行动的先导，要推动"十二五"教育事业科学发展，就要深刻把握和遵循教育规律、教学规律和人才成长规律，以科学的人才观念、办学理念和办学思路带动教育水平的提高。一是要树立全面发展的观念和人人成才的观念，面向全体学生，促进学生成长成才；二是要树立多样化人才观念，不拘一格培养人才；三是要树立终身学习观念，为持续发展奠定基础；四是要树立系统培养观念，推进各级教育有效衔接，教学、科研、实践紧密结合，学校、家庭、社会密切配合；五是要树立科学的质量观，尊重教育规律和学生身心发展规律，坚持德育为先、能力为重，全面实施素质教育，培养德智体美全面发展的社会主义建设者和接班人。

坚持改革创新。教育要发展，根本靠改革。"十二五"期间，要适应经济社会发展对人才培养的需求，以人才培养体制改革为核心，着力推进国家教育体制改革试点，完善国家基本教育制度，努力通过改革创新为《教育规划纲要》的实施奠定坚实的制度基础。

抓好工作落实。一是要推进目标落实，将长期目标落实到今后五年的目标，将总体目标落实到分领域的目标，将全国目标落实到不同区域的目标。二是要推进投入落实，完善教育经费保障制度，落实增加教育经费的各项政策，提高经费使用效益。三是要推进项目落实，稳步推进各项重大发展项目和改革试点项目，确保取得成效。四是要推进政策落实，优先解决人民群众当前最关心、社会反映最强烈的问题，办好让人民满意的教育。

提升基础能力。"十二五"期间，要着力从三方面入手，形成支撑教育现代化、服务国家现代化的人才和物质基础：一是要完善公共教育财政体制，实施重大工程项目，改善办学条件，提升标准化、信息化和现代化水平；二是要加快建设一支师德高尚、业务精湛、结构合理、充满活力的高素质专业化教师队伍；三是要加快建设服务全民学习、终身学习的教育公共服务平台。

促进协调发展。要按照建设现代国民教育体系和终身教育体系的要求，着力加强学前教育和职业教育等薄弱环节，支持特殊教育发展，促进各级各类教育协调发展。同时，要加大对中西部地区、农村地区、边远贫困地区和民族地区教育的支持力度，努力实现区域、城乡教育协调发展，积极推进基本公共教育服务均等化。

服务国家战略。要以教育的优先发展支撑经济发展方式转变，服务国家和区域发展战略。一是将服务加快转变经济发展方式的要求和理念贯穿到教育工作全局。进一步发挥教育人才培养、科学研究、社会服务和文化传承创新的作用，大力调整人才培养结构，扩大紧缺人才特别是技能型、应用型、复合型人才培养规模，着力提升人才培养质量。提升高等学校基础研究和高技术领域创新的能力。建立健全基本公共教育服务体系。二是推进区域教育发展与国家区域发展、城镇化战略的紧密结合。三是发挥国民教育在文化传承创新中的基础性作用，加强文化育人，让学校成为优秀文化传承的重要阵地和思想文化创新的重要源泉。

第三部分　构建更加完善的教育体系

10."十二五"时期完善教育体系的重点和基本思路是什么?

《教育规划纲要》按照党的十七大提出的完善现代国民教育体系、形成终身教育体系的要求,以终身教育理念系统规划了以国民教育为主体、覆盖人一生的中国特色社会主义现代教育体系。《教育"十二五"规划》根据《教育规划纲要》的战略部署,以经济社会发展需要为出发点,以加强关键和薄弱环节为着力点,从健全基本公共教育服务体系、建立现代职业教育体系、完善高等教育体系、推进继续教育体系建设四个方面提出了"十二五"期间现代教育体系建设的重点任务,这是五年规划第一次对教育体系建设的任务进行系统设计和规划,是对《教育规划纲要》体系建设目标任务的进一步拓展和深化。

一是健全基本公共教育服务体系。党的十七届五中全会明确提出了要逐步完善"符合国情、比较完整、覆盖城乡、可持续"的基本公共服务体系。《教育规划纲要》也明确提出了"建成覆盖城乡的基本公共教育服务体系,逐步实现基本公共教育服务均等化,缩小区域差距"的目标要求。《国家基本公共服务体系"十二五"规划》进一步明确了"十二五"时期基本公共教育服务的范围和基本标准。"十二五"期间,一要完善基本公共教育服务体系,将学前教育和高中阶段教育纳入基本公共教育服务体系，根据经济发展和教育发展水平、群众意愿，不断提高基本公共教育服务的总供给水平，完善基本公共教育服务的供给体制；二要建立基本公共教育服务体系评价机制；三要研究建立以基本公共教育服务均等化为导向的公共教育财政体制和分配方式，推进基本公共教育服务均等化。

二是建立现代职业教育体系。建设现代职业教育体系，是《教育规划纲要》作出的重大战略部署，其核心是通过建立合理的人才结构解决提升国家竞争力的问题。"十二五"期间，要把建立现代职业教育体系作为推进教育结构战略性调整、完善现代教育体系的战略切入点，编制和组织实施好"现代职业教育体系建设规划（2012—2020年)"，按照《教育规划纲要》提出的目标，明确现代职业教育体系建设思路、总体框架、基本制度、政策措施。通过体系建设，着力从宏观上构建职业教育的国家制度、国家体系、国家机制、国家体制、国家政策，打通和拓宽技能型人才培养通道，以中高职衔接为重点，促进各级各类职业教育协调发展。

三是完善高等教育体系。要围绕建设创新型国家的要求，优化高等教育宏观布局，形成与国家生产力布局和社会发展需要相衔接的高等学校布局结构。着力促进高校科学定位、特色发展，推进高等教育从外延式发展为主向内涵式发展为主转变，使各类高等教育都能涌现出一批有特色的一流学校和一流学科。大力推进协同创新，提升高校创新服务能力。

四是推进继续教育体系建设。把发展继续教育作为建设学习型社会的重要战略举措，统筹学历、非学历的继续教育，大力发展学校后各种形式的继续教育，形成"广覆盖、宽领域、多层次"的继续教育体系，建设开放、共享的继续教育服务平台，形成覆盖城乡的继续教育网络。完善继续教育发展政策，积极搭建通过各种学习途径成才的"立交桥"。

11. 如何理解构建基本公共教育服务体系的重要意义？

基本公共服务是指建立在一定社会共识基础上，由政府主导提供的，与经济社会发展水平和阶段相适应，旨在保障全体公民生存和发展基本需求的公共服务。基本公共教育服务是指在教育领域提供的基础性公共服务，具有公共性、普惠性、基础性、发展性四个主要特征，是主要由政府提供，与全体人民群众最关心、最直接、最现实的切身利益密切相关的公共教育服务，是人的发展所必需的基础内容。构建基本公共教育服务体系，是贯彻落实党的十七届五中全会精神，贯彻落实《国家"十二五"规划纲要》和《教育规划纲要》的重要举措，其重要意义主要体现在以下几个方面：

一是有利于转变经济发展方式。以加快转变经济发展方式为主线，是推动我国科学发展的必由之路，是我国经济社会领域的一场深刻变革，其核心就是要推动发展向主要依靠科技进步、劳动者素质提高、管理创新转变。科技进步、劳动者素质提高和管理创新的关键在教育和人才。加强基本公共教育服务体系建设，提升人力资源开发水平，有利于为转方式、调结构提供有力的人力资源支撑。

当前，世界各国越来越重视基本公共教育服务，并不断加大投入，逐步扩大服务范围、提高服务水平，以期通过对人力资本的投资，抢占未来国际竞争制高点。北美、欧盟主要国家及日本均已将教育的基本公共服务扩展到从学前到高中阶段教育，美国将小学、初中、高中以及相应的初等和中等职业教育、特殊群体教育、困难群体教育都纳入教育公共服务的范围。加拿大和西北欧一些国家的基本公共服务范围则更大。加强基本公共教育服务体系建设、提高人力资源开发水平，已成为世界各国提高国家核心竞争力的共同战略选择。

二是有利于促进人的全面发展和提高全民族素质。当前我国已全面普及九年义务教育，进入了从人力资源大国向人力资源强国迈进的新阶段。建立起从学前教育到高中阶段教育的基本公共教育服务体系，加大对困难群体的扶持力度，提供均等化的基本公共教育服务，有利于进一步提高全民受教育水平，促进人的全面发展，提高全民族的科学文化素质。

三是有利于保障和改善民生，促进教育公平。良好的基本公共教育服务可以提高国民就业能力，减少贫困人口。学前教育的普及和较好的服务，既能为幼儿的一生发展打好基础，又能在很大程度上减轻人民群众特别是主要劳动力的家庭负担。目前我国中等职业教育的学生主要来自农村和城市低收入家庭，就业前掌握一门技能，有助于他们增加收入，提高脱贫致富能力。发展特殊教育，使残疾孩子得到应有的教育和智能开发，学会一项谋生技能，有利于社会和谐、减轻社会负担。进一步健全家庭经济困难学生资助体系，扩大资助面，提高资助水平，使经济困难不成为一个人成长成才的障碍，是建设社会主义和谐社会的迫切要求。因此，完善基本公共教育服务体系，对于整个基本公共服务体系乃至社会建设都具有十分重要的作用。

四是有利于提振居民消费信心，扩大内需。《国家"十二五"规划纲要》提出要构建扩大内需长效机制，促进经济增长向依靠消费、投资、出口协调拉动转变。完善基本公共教育服务体系，有利于提升城乡居民消费预期，扩大消费，促进经济内生增长。同时，加大对基本公共教育服务体系建设的投入，本身就是拉动内需的强大动力。

总之，进一步完善基本公共教育服务体系，对于增强国家综合实力、提高全民族素质和满足亿万家庭对美好生活的期盼，都具有重大的现实意义和深远的历史意义。完善基本公共教育服务体系已成为社会公众的广泛共识，是"十二五"时期我国经济社会发展的迫切任务。

12. 为什么要将普惠性学前教育、中等职业教育纳入基本公共教育服务体系？

学前教育是奠定人生发展的基石，是学校教育和终身教育的奠基阶段。接受学前教育是人的可持续发展的基础性保障。学前教育在各国都普遍受到重视，许多国家把学前教育的社会公共服务性质写入法律，并采取多种形式将学前教育纳入义务或免费教育的范畴。可以说，将普惠性学前教育纳入基本公共服务体系已成为国际共同趋势。

我国学前教育发展明显落后于国际平均水平，是教育体系中十分薄弱的环节，长期投入不足，滞后于经济社会事业发展，城乡、区域差异巨大，已成为各级各类教育发展最明显的短板之一。让适龄幼儿接受学前教育已成为人民群众的普遍需求和迫切愿望，随着我国经济社会发展水平的提高和财力的增加，以及普及九年义务教育任务的基本完成，基本公共教育服务向学前阶段的延伸已是必然选择。

职业教育是面向人人、面向全社会的教育，中等职业教育是全体社会成员都需要的一项公共产品，关系国家发展与民族进步。德国以及瑞士、芬兰、挪威等国家经济腾飞的历史经验都充分证明，将中等职业教育作为基本公共服务向全民提供，提高供给水平，对于提高国家竞争力具有重要的促进作用。将主要面向未成年人的中等职业教育纳入基本公共服务范围，是我国产业升级、转变发展方式的客观要求，对于提高国民素质特别是劳动力素质具有重大意义。当前，我国将中等职业教育纳入基本公共教育服务的时机已经成熟。首先，我国已从普及九年义务教育时代进入"后普九"时代，促进各级各类教育协调发展、加强职业教育这一薄弱环节成为必然；其次，我国已从文化扫盲时代进入技能扫盲时代，文化文盲问题基本解决，技能性文盲问题日益凸显；最后，我国已从学校教育时代进入全民终身学习时代，农民工转移培训和人民群众择业培训、终身学习的需求日益增长。各级政府应该承担发展中等职业教育的责任，将中等职业教育作为基本公共教育服务向全民提供。

《国家基本公共服务体系"十二五"规划》将基本公共教育服务体系作为重要内容，明确了"十二五"时期基本公共教育服务的范围，将普惠性学前教育、九年义务教育和包括中等职业教育在内的高中阶段教育纳入基本公共教育服务范围，并明确了"十二五"时期基本公共教育服务的标准，体现了当前我国经济社会发展阶段对国民素质的基本要求，符合广大人民群众对新时期教育发展的新期望，对于保障和改善民生、促进教育公平具有重大战略意义。

13. "十二五"期间如何推进基本公共教育服务体系建设？

根据《教育规划纲要》的部署和《国家基本公共服务体系"十二五"规划》提出的目标任务，"十二五"期间，要着力从以下三方面推进基本公共教育服务体系建设：

一是完善基本公共教育服务体系。"十二五"期间，要按照基本公共教育服务普及普惠的要求，进一步健全基本公共教育服务体系，建立以义务教育为核心、涵盖学前教育和高中阶段教育的基本公共教育服务体系，完善进城务工人员随迁子女、家庭经济困难学生和残疾学生的教育保障政策体系，基本建成服务全民的教育信息与资源共享平台。

二是要建立促进基本公共教育服务均等化的公共财政保障机制。研究建立以基本公共教育服务均等化为导向的公共教育财政体制和分配方式，政府一般性转移支付向基本公共教育服务倾斜，重点扶持薄弱地区、薄弱学校、困难群体，努力让广大人民群众共同享有更加均等化的基本公共教育服务。

三是建立基本公共教育服务体系评价机制。基本公共教育服务体系的健全和完善需要各级政府的共同努力，要研究制定基本公共教育服务体系监测与评价指标体系，以九年义务教育巩固率和高中阶段教育毛入学率为重点，开展对地方推进基本公共教育服务体系建设情况的监测评价，通过评估和督导来引导各地加快完善基本公共教育服务体系，提高供给水平。

14. 如何理解建设现代职业教育体系的意义？

建设现代职业教育体系，是《教育规划纲要》提出的未来 10 年职业教育改革发展战略目标，是确保职业教育更好地满足经济社会发展和人民群众需求的战略举措。

第一，建设现代职业教育体系是促进经济发展方式转变的重要支撑。转变经济发展方式，必须增强自主创新能力，推动发展向主要依靠科技进步、劳动者素质提高、管理创新转变；推动经济结构战略性调整，发展现代产业体系，加快发展现代农业，改造提升制造业，大力发展现代服务业，培育发展战略性新兴产业。这对职业教育人才培养的规模、质量、规格和结构都提出了更高的要求。要通过建设现代职业教育体系，建立和完善技能型人才系统培养制度，形成全面、灵活对接产业发展需求的人才培养层次结构和类型结构，加快培养技能型人才、高端技能型人才、应用型人才，为转变经济发展方式提供支撑。

第二，建设现代职业教育体系是加快建设人力资源强国的必然要求。建设人力资源强国，要以"基本实现教育现代化"为重要前提，通过现代化的教育体系、教育制度、教育内容、教育模式、教育手段，全面提高教育质量，为提高全民族素质服务；要以"基本形成学习型社会"为重要基础，建立人人可学、时时可学、处处可学的平台和机制，提供多样化教育选择机会，促进人的全面发展和多样化成才；要以高层次人才、高技能人才为重点统筹推进各类人才队伍建设，培养和造就规模宏大、结构优化、布局合理、素质优良的人才队伍。这迫切要求建设现代职业教育体系，推动职业教育更好地承担起服务社会的职能，真正实现面向人人、面向社会办学，形成多样化人才培养格局，更好地满足建设人力资源强国的要求。

第三，建设现代职业教育体系是构建社会主义和谐社会的有力保障。保障和改善民生是构建和谐社会的重点。就业是民生之本。通过建设现代职业教育体系，密切教育与产业的对接，使教育结构更加符合经济社会发展的实际需要，增强人才培养的针对性、适用度，提高人们的就业能力和就业水平，缩小社会收入差距。特别是随着我国经济发展方式转变和产业结构调整的步伐加快，结构性失业问题越来越突出，职业教育必须尽快在体系建设上取得突破，加快培养适应产业上移要求的高端技能型人才，为促进充分就业、维护社会和谐稳定作出贡献。

第四，建设现代职业教育体系是实现教育事业科学发展的关键环节。当前，中等与高等职业教育、职业教育与其他教育之间存在脱节、断层问题，职业教育在很大程度上变成"终结性教育"，降低了职业教育的吸引力，制约了整个教育事业的科学发展。建设符合时代要求的现代职业教育体系，促进中等和高等职业教育统筹衔接及协调发展，促进职业教育与普通教育、继续教育的双向沟通，切实提高职业教育服务人民群众多样化学习、多样化成才和持续成长需求的能力，成为教育战线和社会各界的共同呼声。

15. "十二五"时期如何推进现代职业教育体系的构建？

按照现代职业教育体系建设"三步走"战略，"十二五"时期将整体推进体系建设，初步形成适应需求、有机衔接、多元立交，具有中国特色、世界水准的现代职业教育体系框架。主要举措如下：

一是细化体系建设阶段性目标。实施"国家现代职业教育体系建设专项规划"，细化体系建设各阶段任务目标、实现路径和政策措施。印发"关于建立现代职业教育体系服务经济发展方式转变的决定"，明确体系建设的政策着力点。

二是统筹推进中高职协调发展。全面落实中等职业教育改革创新三年行动计划，实施高等职业教育引领职业教育科学发展行动计划。进一步明确中高职定位：中等职业教育重点培养技能型人才，发挥基础性作用；高等职业教育重点培养高端技能型人才，发挥引领作用。以此为出发点，促进中高职在人才培养目标、专业结构布局、课程体系和教材建设等10个方面的有机衔接。完善职业学校毕业生直接升学制度，推动高等职业教育招生考试制度改革，完善"知识＋技能"的考核办法，扩大单独招生、对口招生的规模。

三是促进职业教育与其他教育的沟通。实施以需求为导向，职业教育与普通教育、继续教育相互沟通，全日制教育与非全日制教育并重的职业教育发展模式。搭建技能型人才成长"立交桥"，鼓励同一层次普通学校和职业学校之间课程互设、学分互认。开放职业教育实训基地和课程，为普通高中学校开设通用技术课和有关职业课程提供支持。探索综合高中发展模式。

四是促进职业教育与区域经济发展对接。根据国家实施区域发展总体战略和主体功能区战略的要求，进一步优化职业教育布局结构。合理整合中等职业教育资源，改变部分地区中等职业学校"散、弱、差"的状况；基本稳定高等职业学校规模，完善每个地市至少有一所高等职业学校的布局，优化高等职业学校技能型人才培养层次，加大高技能人才培养比重。改革职业教育专业设置管理办法，支持职业学校基于区域产业优势和社会发展实际办出特色。

16. "十二五"期间高等学校设置工作的指导思想和基本原则是什么？

"十二五"期间，高等学校设置工作的指导思想是：坚持以科学发展观为指导，认真贯彻落实《教育规划纲要》、《国家中长期人才发展规划纲要（2010—2020年）》（以下简称《人才规划纲要》）和《高技能人才队伍建设中长期规划（2010—2020年)》，以提高高等教育质量为核心，以适应国家和区域经济社会发展需要为宗旨，围绕加快转变经济发展方式这条主线，以改革创新为动力，从严、从紧控制高等学校总量和增幅，优化高等教育布局与结构，引导高等学校合理定位，办出特色，进一步促进高等教育科学发展。

"十二五"期间高等学校设置工作的基本原则：一是统筹规划、合理布局。要按照服务转变经济发展方式、调整经济结构、区域发展战略的要求，科学规划"十二五"期间高等学校的设置，实现高等教育在区域、结构、层次上的合理布局，从严控制每年高等学校设置的数量。二是服务国家、服务区域。服务于经济结构战略性调整、现代产业体系建设和社会建设，服务于区域经济发展，积极构建现代职业教育体系，优化高等教育学科专业、类型、层次结构，重点培养应用型、复合型、技能型人才。三是支持特色、防止趋同。引导高等学校按照国家和区域经济社会发展需要进行合理定位，全面加强高等学校内涵建设，改革高等学校办学模式，创新人才培养模式，在不同层次、不同领域办出特色，克服同质化倾向。四是省级统筹、强化管理。大力加强省级人民政府对高等教育统筹，合理设置和调整高等学校及学科、专业布局，提高管理水平和办学质量，完善以省级人民政府为主管理高等教育的体制。省级人民政府依法审批设立实施专科学历教育的高等学校。教育部制定方针政策和高等学校设置标准，统筹区域间高等教育协调发展，加强监督管理，对设置的高等学校开展评估、核查。五是分类指导、从严掌握。针对不同区域的不同特点和发展阶段，采取不同的发展方针和策略，分区规划，分类指导。充分发挥政策指导和调控教育资源配置的作用，严格掌握国家标准和条件，合理确定办学规模。在有利于优化区域、层次、类型结构和布局的前提下，加大对高等教育资源短缺地区以及西部地区支持力度，适度增加教育资源。

各省级政府要依据"十二五"期间经济社会发展以及教育发展的实际需要与现有高等学校资源的现状和发展潜力，依据各地经济发展和财政增长对高等教育所提供支持的实际可能以及拟设立学校的办学条件，科学制定省（区、市）高等学校设置的"十二五"规划，各地年度高等学校设置工作应按照规划安排实施。

17."十二五"时期如何推进高等学校有特色、高水平发展？

一是优化学科专业结构和人才培养类型结构。修订并发布《普通高等学校本科专业目录》、《普通高等学校本科专业设置管理规定》，强调拓宽专业口径与服务国家地方经济社会发展和行业特色需求相结合，落实和扩大高校本科专业设置自主权，引导高校优化学科专业结构和人才培养类型结构，加强紧缺人才特别是新兴学科、交叉学科人才的培养，以适应国家和区域经济社会发展需要，办出特色，办出水平。

二是优化区域高等教育结构。继续推进对口支援西部高校工作，采用名校牵头、团队支援方式帮助受援高校因地制宜凝练学科专业特色，提升应用型人才培养能力，促进受援高校办出特色，为边疆地区、民族地区、革命老区经济社会发展提供人才支撑。启动实施中西部高等教育振兴计划，重点支持一批中西部有特色高水平地方本科高校发展，着力改善学校基本办学条件，努力提高这些高校的人才培养质量、科学研究水平、服务社会和文化传承创新能力。

三是推进专业综合改革，促进高校特色发展。教育部启动实施了"本科教学工程"专业综合改革试点项目。按照准确定位、注重内涵、突出优势、强化特色的原则，支持参与卓越工程师、医师等人才教育培养计划相关专业，战略性新兴产业相关专业，师范、艺术、体育以及农林、水利、地矿、石油等行业相关专业，通过自主设计建设方案，推进培养模式、教学团队、课程教材、教学方式、教学管理等专业发展重要环节的综合改革。

18. 如何加强和完善高等学校创新服务体系？

"十二五"时期，加强和完善高等学校创新体系，一是加快基础研究与共性技术研发体系建设，基础研究和关键共性技术研发体系是由高水平大学、各类科技创新平台和团队组成的相互贯通、有效互动的有机整体。二是完善支撑高质量人才培养体系建设，支撑高质量人才培养体系建设是以学科、学科创新集群、创新平台、产学研合作教育基地等为载体，实现科学研究有力支撑高质量人才培养的体系。三是加快服务行业产业与区域发展体系建设，服务行业产业与区域发展体系是以多元化的技术转移和成果转化模式服务国家和区域经济社会发展的体系。四是健全科技管理体系建设，科技管理体系是由各级教育行政管理部门主管科技的机构、学校科技管理部门和管理人员构成的系统。

"十二五"时期，加强和完善高等学校服务体系，一是推动高校办学理念和科研观念转变，高校要主动应对国家重大需求，积极主动地服务于经济发展方式转变、产业结构调整和战略性新兴产业培育，自觉地融入区域经济社会发展之中。二是加强高校办学的社会性、开放性。提高各类高等教育机构向社会的开放程度，促进高校科技资源的开放共享，提高公益服务能力。三是全面提高高等教育人才培养质量，提升高校学科建设、师资队伍水平，构建教学、科研为一体的人才培养平台，提高人才培养的针对性和有效性。四是增强科技创新的针对性和实效性，推动高校以社会需求为导向，不断调整服务内容和强化手段，提高高校对经济社会发展的贡献率。五是推动形成社会服务的集成能力，重点建设一批技术集成和成果转化创新平台、科技信息资源共享平台以及哲学社会科学创新基地，提升高校支撑服务经济社会发展的能力。六是加强有组织创新，推动高校以需求为牵引，推进内部学术组织变革，创新科研组织模式，合理配置科技信息、资本、技术、人才等创新要素，加强校校之间、校企之间的强强联合。七是营造良好的外部政策环境和社会氛围，增强服务体制机制的协调性，优化引导机制、动力机制、激励机制、评价机制、分配机制、管理机制、倒逼机制等，建立高校、政府、社会三者良性互动的运行机制。

19. 如何按照全面提高质量的要求，部署和推进高校"十二五"科技工作？

"十二五"高校科技工作突出五个方面的基本要求：一是坚持把科技创新与人才培养相结合作为本质要求。坚持以高水平科学研究支撑高质量高等教育，以高质量的高等教育支撑自主创新能力持续提高，形成科学研究与人才培养有机结合、相互促进的新机制。二是坚持把推进协同创新作为战略选择。紧紧围绕国家重大战略需求和科学技术前沿，大力推进高校与高校、科研院所、行业企业、地方政府以及国际学术机构的深度合作，促进资源共享，提升原始创新能力和服务经济社会发展的能力。三是坚持把加强原始创新作为主攻方向。坚定不移地把增强原始创新能力作为高校科技发展的战略基点，在高校科技工作中进一步加强基础研究。四是坚持把人才队伍建设作为根本保障。充分发挥领军人才、创新团队和青年骨干人才队伍在科技创新中的关键作用，着力构建一支规模宏大、结构合理、具有强大创新能力的高素质人才队伍。五是坚持把深化体制机制改革作为强大动力。以科技管理体制和运行机制改革为着力点，破解长期困扰高校科技发展的深层次问题，以体制机制改革促进科技资源高效配置和综合集成，全面激发创新活力和创新动力。

"十二五"高校科技工作主要包含以下几个方面：一是全面提升高校科技创新能力，显著提升原始创新能力，大力加强服务国家战略需求的能力，着力培育战略咨询研究能力，强化国际科技合作能力；二是深入推进高校科技体制机制改革，全面推进协同创新，深化科技评价机制改革，不断完善技术转移和成果转化机制，推进科技资源配置方式改革；三是加强科技人才队伍和创新文化建设，加强和优化科技人才队伍，深入推进科技创新与人才培养融合，积极培育创新文化，加强学风建设，积极开展科普工作；四是加快建设高校创新体系，加强基础研究与共性技术研发体系建设，完善支撑高质量人才培养体系建设，加快服务行业产业与区域发展体系建设，健全科技管理体系建设；五是部署高校创新计划，组织实施国家重大科技计划项目，部署实施"2011 计划"，加强重大科技基础设施培育和建设，实施重点科技项目，统筹推进科技体制改革试点；六是完善保障措施，增加并优化科技投入，推动科技资源共享和开放流动，引导高校科技工作特色发展，加强地方高校科技创新工作，提升科技管理与服务水平。

20. "十二五"时期如何构建"广覆盖、宽领域、多层次"的继续教育体系?

"十二五"时期,将切实优化继续教育办学与服务体系,加强公共服务体系建设,大力发展非学历继续教育,稳步发展学历继续教育,进一步完善制度建设,加快构建"广覆盖、宽领域、多层次"的继续教育体系。

一是大力发展多类型非学历继续教育,稳步发展学历继续教育。发挥继续教育宽领域、广覆盖、多形式、多类型、公共服务体系遍及全国城乡的优势,以加强教育教学内容的针对性和改革创新教育教学方法为重点,稳步发展各级各类学历继续教育。充分利用现代信息技术,建立健全高等学校开展网络教育的制度,创新网络教育教学模式,探索多样化人才培养模式的改革和发展,开发网络教育精品课程,发展高质量、高水平、高层次的网络高等学历教育和非学历教育。到 2015 年,各类高等学历继续教育在学总规模达到 1200 万人次以上。以加强人力资源能力建设为核心,大力发展职业导向的非学历继续教育。使各类从业人员都有机会和条件接受不同层次、形式、类型的继续教育。到 2015 年,各类从业人员参与继续教育 29000 万人次,年参与率达到 42%。大力发展城乡社区教育,重视老年教育,面向全体社区成员开展思想道德、职业技能、科技文化、文明生活等多样化的继续教育,使有学习愿望的人都有机会接受继续教育。

二是优化继续教育办学与服务体系。形成资源比较丰富、结构相对合理、灵活开放的继续教育办学与服务体系,引导推动各级各类学校特别是普通高校和职业院校面向社会积极开展继续教育，发挥普通高校在学历继续教育和非学历继续教育中的引领、示范作用。依托开放大学资源系统集成和网络覆盖全国城乡的优势，充分发挥在各级各类人才培养培训和社会成员终身学习中的骨干作用。大力推进各级各类学校的教育教学资源以多种形式向社会开放；支持行业企业积极开展职工继续教育，充分发挥行业企业继续教育机构在专业技术人才培养、职工岗位技能培训和素质教育方面的主渠道作用；积极发展城乡社区教育，建立健全区（县）、街道（乡镇）、居委会（村）三级社区教育网络，并以社区教育机构和老年大学为依托建设老年教育网络；提高社会教育培训机构继续教育办学服务水平，大力推进社会教育培训机构的规范化建设，鼓励有条件的社会教育培训机构向专业化和集团化方向发展；发挥传播媒体和社会公共文化设施的继续教育服务功能，推进图书馆、博物馆、科技馆、文化馆、体育场馆等向全社会开放，加快文化教育资源免费开放进程，强化社会公共文化设施的教育服务和学习服务功能。

三是加强公共服务平台与体系建设。推进现代信息技术的广泛应用，以卫星、电视、互联网为主要载体，大力发展现代远程教育，建设面向行业、区域等覆盖全国城乡、开放便捷的终身学习公共服务平台与体系。建立数字化学习资源开放共享机制。研究制定国家继续教育数字化资源建设规范和标准，创新开发机制和共享机制。分步建立国家继续教育数字化资源中心和各类公益性继续教育数字化资源库，推动普通高校和职业院校有针对性地建设 10000门课程的数字化学习资源，通过多种模式和机制向公众开放，建设 100 个综合性、区域性、行业性继续教育数字化资源示范中心和 100 个资源开发示范基地。推动建立各类学校、行业企业、社区教育体系之间继续教育资源共建共享机制，为全社会各类学习者提供优质数字化资源。建立"国家继续教育公共信息管理和服务平台"，为学习者提供学习和学历、测评和考试结果、学分的认证和积累转移等各项记录查询，为各类继续教育机构开展考试评价、监管和学分的认证与转移提供信息化管理服务。进一步推动以信息化为主导，综合利用行业、企业、区域、各级各类教育培训机构资源优势，加强多类型、专业化等教学与学习公共支持服务体系建设。

四是加强继续教育制度建设。逐步建立健全继续教育体制机制和法规制度。建立健全继续教育激励制度与机制，实施继续教育和劳动人事制度沟通与衔接的制度，严格实行技能技术岗位劳动者持证上岗，进一步完善各类职业资格证书、技能等级证书定期更新与继续教育相结合的管理制度；建立健全继续教育课程认证标准、学分计算标准、教学质量评价标准和施教机构认证标准等继续教育质量标准体系，选择有条件的高等学校和地区开展校内、校际、区域内、行业内继续教育学习成果认证转换、沟通衔接的研究与试点，逐步建立"学分银行"制度；建立健全继续教育经费投入保障制度与机制，建立健全政府、用人单位和学习者共同分担成本、多渠道筹措经费的继续教育经费投入制度与机制，企事业单位要按职工工资总额 1.5%—2.5% 的标准及时足额提取职工教育经费用于职工教育培训；加快继续教育监管制度与机制的建设，加大对继续教育机构办学和服务质量的监管力度，完善继续教育机构准入和退出机制；大力推进继续教育法律法规建设。推进"终身学习法"、"继续教育条例"等法律法规的研究制定工作。在《教育法》、《劳动法》、《职业教育法》、《高等教育法》、《教师法》、《民办教育促进法》、《学位条例》的修订以及其他相关法律法规的制定或修订中，要充分考虑继续教育、终身学习的内容。

第四部分 创新国家教育制度

21. 怎样理解创新国家教育制度的重要意义？

制度建设是教育改革发展的重要内容。建立适应经济社会发展需要和时代需要、符合教育发展规律和人才成长规律、科学合理的教育体制机制是教育科学发展的前提和保障。新中国成立以来，特别是改革开放以来，我国教育体制机制不断完善。但同时，必须看到，与经济社会发展的需要、与人民群众的期待、与国际竞争的形势相比，我国教育体制机制还存在不适应的地方，教育科学发展、优先发展还存在体制机制上的障碍。迫切要求把重大教育制度的改革创新作为着力点，加快重要领域和关键环节的改革步伐，积极引领教育的变革和转型，努力形成与社会主义市场经济体制和全面建设小康社会目标相适应的充满活力、富有效率、更加开放、有利于科学发展的教育体制机制。

落实《教育规划纲要》、完善教育体系的关键是体制机制改革，体制机制改革的目标是国家教育制度建设。《教育规划纲要》提出把改革创新作为教育发展的强大动力。《教育规划纲要》颁布后，国家设立了教育体制改革领导小组，国家教育体制改革试点全面展开，一些重点领域改革取得积极进展，对各地在推进教育改革试点中取得的行之有效的经验和模式，必须加以推广，上升为国家层面的教育制度。《教育"十二五"规划》把重大教育制度的改革创新作为着力点，提出了关系教育改革发展全局、教育系统及全社会关心的十一个方面的制度建设任务，包括教育"三个优先"的保障制度、教育公平制度、教育与经济社会结合的制度、民办教育制度、现代学校制度、教育家办学制度、完善政府教育管理制度、省级政府教育统筹制度、教育标准和绩效评价制度、教育督导制度以及考试招生制度。这些制度建设都是教育改革的重点难点，其中很多领域也是人民群众关心的热点。要努力通过改革创新，在一些重大制度建设上取得突破性的进展，为"十二五"教育优先发展、科学发展提供坚实的制度保障。

22. 如何进一步提升高等学校科研投入管理水平？

多年来，随着国家科研投入不断加大和科研经费管理改革深入推进，高校科研经费得到大幅度增长，高校作为科研经费管理主体的自主权和责任逐步加大。面对新形势，强化管理力度，提高科学化、规范化管理能力，保证科研经费的安全性、规范性和有效性，营造协调、健康、可持续发展的良好科研工作环境，已成为当前深入推进高校改革与发展的一项重要工作。

一是转化观念。贯彻落实《教育部关于进一步贯彻执行国家科研经费管理政策　加强高校科研经费管理的通知》文件精神，加强引导，转变观念，增强高校作为经费使用管理责任主体的责任感和自主管理的主动性，提高重视程度，由单纯注重争取科研经费向争取和管理并重转变。

二是建立健全监督管理制度。坚持预算执行进度和资金使用的安全性、规范性、有效性相统一的原则，制定规范、透明的绩效激励评价和经费使用办法，建立重大经费议事规则和决策程序，建立权责明晰、各负其责、运转高效的管理和问责制度，建立科研经费管理公示、监督制度，逐步形成一套完善的科研经费管理体系和长效机制。

三是强化内控监管。建立健全高校内部监控体系，提高高校自我监督能力。强化风险意识，防范财务风险，改革创新高校内部治理结构，加强学校审计及纪检部门的监督责任，发挥内部监督的预警和防范作用。

四是提升高校科研经费管理队伍水平。打造高素质高校科研经费管理队伍。科学合理确定科研和财务队伍规模与结构，建立和完善科研经费管理分级培训与继续教育制度，提高科研团队和财务管理团队的业务素质与管理水平，形成涵盖预算编制、经费使用、结题结账、财务审核和监督等全过程的科研财务服务体系，通过提高服务水平，提高管理能力。

23. 如何加强和改进高校学风建设，营造风清气正的育人环境？

近些年，高等学校发生的学术不端行为引起社会高度关注，个别学术不端事件负面影响较大，舆论广泛关注。《教育规划纲要》明确提出，要"完善以创新和质量为导向的科研评价机制"，同时要求"克服学术浮躁，查处学术不端行为"。教育部为此制定了《教育部关于切实加强和改进高等学校学风建设的实施意见》，开展了高校学风建设专项教育和治理行动（2012—2014），这是应对社会关切、贯彻落实《教育规划纲要》的重要举措。

2009年10月，教育部设立学风建设协调小组，下设社科类学风建设办公室和科技类学风建设办公室，分别设在社会科学司和科学技术司，加强和改进高校学风建设是两个学风办的重点工作。

加强和改进高校学风建设，营造风清气正的育人环境，基本思路是：完善管理制度，源头治理；明确查处责任，严肃处理。一是阐述学风建设的重要性与紧迫性、指导思想和工作目标。二是明确高等学校是学风建设的主体。教育部负责制定高校学风建设相关政策，指导检查高校学风建设工作。各主管部门督察指导所属高等学校学风建设工作。三是要求高校建立学术规范全员教育制度，积极开展科研诚信宣传教育，要求教学科研人员自觉学习恪守科学伦理道德。四是从改进评价考核导向、支持学术委员会充分行使学术权力、实行完备的科研管理制度等方面加强长效机制建设。其中完备的科研管理制度是防止不端行为发生的第一道闸门，也是不少学校急需重视加强的环节。五是从同行、行政、社会三方面强化监督的作用。特别强调正确发挥外部监督的作用。充分发挥社会力量、新闻媒体的监督作用，促进程序规范和公正。六是对学术不端行为投诉的受理、调查、处理、公布程序作出明确清晰的规定。七是建立定期检查制度。教育部每年选择若干单位和高校进行学风建设工作专题巡视。

24. "十二五"期间推进教育公平制度建设的主要措施有哪些？

教育公平是社会公平的重要基础，是促进人的全面发展和社会公平正义的客观要求，也是教育为人民服务宗旨的集中体现。"十一五"期间，我国在保障教育公平方面迈出了重大步伐，城乡免费义务教育全面实现，教育均衡发展取得新进展，国家资助政策体系不断完善，进城务工人员随迁子女和农村留守儿童接受义务教育权利得到更好保障，民族地区教育快速发展。但同时，区域、城乡之间教育发展差距仍比较大，困难群体教育保障水平还有待进一步提高，教育公平程度与广大人民群众对教育公平的迫切愿望相比还有较大差距。

胡锦涛总书记在 2010 年全国教育工作会议上强调指出，坚持教育的公益性和普惠性，把促进公平作为国家基本教育政策，是促进社会公平的重要基础性任务。加强制度建设是促进教育公平的前提和保障，"十二五"期间，要着力从制度体系保障和规则程序两方面推进教育公平制度建设：

一是建立保障教育公平的制度体系。要健全法制保障，全面推进依法治教和依法治校。教育公平的关键是机会公平，"十二五"期间，要把依法保障公民享有平等受教育的权利作为制定和修改教育法律法规的重要原则，清理有关行政规章和管理制度，完善教育行政执法制度和权利救济制度，建立健全保障教育公平的法制体系，依法保障公民平等享有受教育权利。要完善资源配置制度。合理配置教育资源是促进教育公平的根本措施。"十二五"期间，一要以义务教育均衡发展为重点，建立区域、城乡和校际差距评价指标体系，促进教育资源向重点领域、关键环节、困难地区和薄弱学校倾斜。二要以扶持困难群体为重点，建立全面覆盖困难群体的资助政策体系和帮扶制度，逐步对农村经济困难家庭和城镇低保家庭子女接受学前教育予以资助，提高农村义务教育家庭经济困难寄宿生生活补助标准，改善中小学生营养状况，完善普通本科高校、职业院校家庭经济困难学生资助政策体系。坚持新增高等学校招生计划向中西部地区倾斜，缩小区域高等教育入学机会差距。

二是健全保障教育公平的规则程序。促进教育公平，要着力促进教育制度规则公平，用规范管理维护教育公平，完善督导制度和监督问责机制。一要完善决策程序，各级政府和教育行政部门要在实施重大政策及改革举措前，制定实施程序、规则，保证决策的科学性和程序的合理性；对涉及学生切身利益的政策调整、规则变更必须广泛听取各方面意见。二要积极推进政务公开、信息公开，各级各类学校办学条件、招生章程、规章制度要向社会公开。要继续推进招生"阳光工程"，进一步规范高考加分政策和特殊类型招生工作并向社会公开，促进招生考试制度更加完善，保障广大人民群众的知情权和监督权。

25. 为什么要完善教育和经济社会结合的制度？

教育与经济社会发展具有密不可分的关系。一方面，经济社会发展对教育具有决定作用，一定的经济社会发展水平为教育的发展提供了基础，同时，也对教育的规模、结构以及教育手段和教育体制提出了相应的要求。另一方面，教育通过人才培养、科技文化的创新与服务对经济发展产生积极的推动作用。加强教育和经济社会的结合，是促进教育与经济社会协调发展的前提和基础，也是全面贯彻党的教育方针的必然要求。

要促进教育和经济社会紧密结合，必须加强相关制度建设，以制度来保障和促进教育与经济社会各领域的融合发展和全面对接。当前，我国教育和经济社会结合还不够紧密。一方面，教育还不能完全适应经济社会发展的要求，教育观念落后，内容方法陈旧，学生实践能力和创新精神还比较缺乏，适应社会和就业创业的能力不强，不适应经济社会发展对人才培养的要求；创新型、实用型、复合型人才紧缺，教育结构和布局不尽合理。另一方面，经济社会发展与教育发展的统筹不够，产业体系建设、区域和城镇化建设等未能与教育发展、人才培养紧密协同。这些矛盾和问题的存在，其深层次的原因在于教育和经济社会结合的制度不完善和不健全。

"十二五"期间，要着力从四个方面推动制度建设，促进教育与经济社会紧密结合。一是促进教育与经济社会各领域整合发展，推动各级政府统筹区域发展和教育发展、产业发展和人才培养、科技创新和创新人才培养、公共服务体系和公共教育体系建设、城乡建设和城乡教育发展。二是通过体制机制创新和政策项目引导，推动高等学校与企业、科研院所等开展多种形式的产学研合作。三是推进职业教育产教合作、工学结合制度化，积极推进对生产教学过程一体化、校企一体化、职教基地和产业集聚区一体化的探索，把车间办到学校，把学校办到企业。四是强化实践育人制度，在各级各类学校积极开展各种形式的实践活动，着力培养学生实践能力和创新精神。

26. 在职业教育、高等教育领域推进教育和经济社会结合的重点任务和关键举措是什么？

首先，在职业教育领域，要把发展职业教育作为推动经济发展、促进就业、改善民生、解决"三农"问题的重要途径和缓解劳动力供求结构矛盾的关键环节，加快构建适应经济发展方式转变和产业结构调整要求、体现终身教育理念、中等和高等职业教育协调发展的现代职业教育体系，满足人民群众接受职业教育的需求，满足经济社会对高素质劳动者和技能型人才的需要，服务经济发展方式转变、产业结构调整、产业优化升级、保障和改善民生。关键举措如下：

一是强化政府职责。强化政府发展职业教育的职责，加强统筹规划，把职业教育纳入经济社会发展和产业发展规划，促使职业教育规模、专业设置与经济社会发展需求相适应。统筹中等与高等职业教育发展。健全多渠道投入机制，加大职业教育投入。

二是提高培养质量。深化职业教育教学改革，创新工学结合、校企合作、顶岗实习的人才培养模式，改革专业、课程和教材体系，推进专业与产业、职业岗位对接，专业课程内容与职业标准对接。试点现代学徒制。吸收行业、企业参与举办职业教育和开展职业教育质量评价。加强职业教育师资队伍建设和实训基地建设，提升基础能力。

三是充分调动行业企业积极性。制定校企合作促进办法，明确政府、学校、行业、企业等各方的责任、权利和义务，调动各方积极性。健全完善政府主导、行业指导、企业参与的办学机制。加强产教结合，完善行业指导制度，提高行业指导能力，引导并支持行业制定和实施促进本行业职业教育发展的专项政策。完善政策保障，支持企业参与职业教育校企合作。

四是推动城乡和区域合作。完善面向农村的职业教育政策，加快发展面向农村的职业教育，推动基础教育、职业教育和成人教育统筹，健全城乡职业教育网络，促进城乡职业教育协调发展。推动东西部在职业教育招生、教学、就业等方面的密切合作、优势互补，促进区域职业教育协调发展。

五是完善职业教育支持政策。完善职业教育国家资助政策体系，推动中等职业教育提高资助标准、高等职业教育扩大资助覆盖面，加快中等职业教育免学费进程，促进教育公平和社会公正。推动各地制定和实施职业学校生均财政拨款标准，建立健全职业教育经费持续稳定增长机制。推进学历证书和职业资格证书"双证书"制度。推动完善就业准入制度。提高技能型人才的社会地位和待遇。

其次，在高等教育领域，要优化学科专业结构和人才培养类型结构。修订并发布《普通高等学校本科专业目录》、《普通高等学校本科专业设置管理规定》，强调拓宽专业口径与服务国家地方经济社会发展和行业特色需求相结合，落实和扩大高校本科专业设置自主权，引导高校主动适应国家和区域经济社会发展战略、产业结构调整升级以及特殊行业实际需要，优化学科专业结构和人才培养类型结构，加强紧缺人才特别是新兴学科、交叉学科人才的培养，为解决经济社会发展中的紧迫问题提供有力支撑。

《教育"十二五"规划》提出，支持高等学校和企事业单位共建实习和科研基地。2011 年 7 月，教育部、财政部共同启动实施"十二五"期间"高等学校本科教学质量与教学改革工程"，大学生校外实践教育基地建设项目是其中一项重要内容。该项目以加强实践教育环节，改革人才培养模式为工作重点，通过直接在大型企事业单位建设 1000个左右全国性的大学生校外实践教育基地，把学校的实践教育拓展到大型企事业单位进行，让学生在真实的工作环境中来学习、实践和提高。大学生校外实践教育基地的建设内涵丰富，不仅要求高校和行业、企事业单位、科研院所建立联合培养人才的新机制，更要求高校和企事业单位共同制定校外实践教育的培养目标、培养标准、培养方案，共同建设校外实践教育的课程体系和教学内容，共同组织实施校外实践教育的培养过程，共同评价校外实践教育的培养质量。校外实践基地的建设，必将更好地引入社会需求、提供实践育人环境、改革人才培养模式、加强实践教学环节，并最终提升大学生的创新精神、实践能力、社会责任感和就业能力。

27. 如何发挥行业在职业教育改革发展中的指导作用？

职业教育的发展离不开行业的积极参与和指导，行业对职业教育的参与程度直接影响职业教育的质量和人才培养的针对性与实效性。为充分发挥行业主管部门和行业组织在职业教育发展中的重要作用，2010 年，教育部组织成立了全国中等职业教育教学改革创新指导委员会，批准成立了 43 个行业职业教育教学指导委员会。"十二五"期间，教育部将充分依靠全指委和行指委，进一步密切职业教育与行业企业的联系与合作，促进专业与产业、企业、岗位对接，专业课程内容与职业标准对接，教学过程与生产过程对接，学历证书与职业资格证书对接，职业教育与终身学习对接，全面提高教学质量和办学效益。

2011 年，教育部印发了《关于充分发挥行业指导作用推进职业教育改革发展的意见》，文件强调了职业教育行业指导的重要性，提出了行业指导工作的五个重点，明确了下一步工作的目标和任务，强调要完善机制，探索和构建职业教育行业指导工作体系，充分发挥行业企业的作用，促进行业企业参与学校教育教学的各个环节，使之在专业设置、课程教材建设和教学实习中发挥更大作用，促进职业教育的专业设置、人才培养和国家经济社会发展的实际需求相吻合，更好地为加快经济发展方式转变服务。

28. 如何推进职业教育专业设置与企业实际需求相适应？

专业建设是深化教育教学改革，全面提高教育质量的重要环节。为了更好地适应我国经济社会快速发展、产业结构调整升级以及科学技术进步的要求，体现新产业、新职业、新技术对技能型人才的实际需求，教育部组织力量对《中等职业学校专业目录》（以下简称《目录》）进行了修订，并于 2010 年正式发布了新《目录》。这次《目录》修订紧紧围绕国家经济社会发展、产业振兴规划、产业结构调整、经济发展方式转变和科学技术进步，根据人才市场、企业用人需求和国家颁布的职业岗位，重点发展面向现代农牧业、先进制造业特别是装备制造业、现代服务业和战略性新兴产业的专业，加强服务区域特色产业，尤其是民族文化艺术、民间工艺等领域的专业建设。与原《目录》相比，新《目录》在内容体系上作了重大调整，设立了专业名称、专业（技能）方向、对应职业（工种）、职业资格证书举例、继续学习专业举例等项内容。新《目录》专业类由原来的 13 个增加到 19 个，专业数由原来的 270 个增加到 321 个。

在实施新《目录》的基础上，为推进中等职业学校专业规范化建设，教育部同时颁布了《中等职业学校专业设置管理办法（试行）》（以下简称《办法》），针对中等职业学校专业设置中存在的问题，就完善和规范专业设置的管理，提出更加明确的要求。《办法》进一步明确专业设置的权限和管理职责，规范专业设置的基本条件和要求，强调行业企业在专业建设中的重要作用，推动各地建立和完善专业设置审议的组织、机构和程序、办法，加强专业设置的监督与检查，以确保新《目录》的顺利实施。下一步，教育部将通过建立中等职业学校专业动态调整机制、职业学校与行业企业定期对话机制，推动中等职业学校专业设置与调整科学化、制度化、规范化和常态化。

29. 当前制约民办教育发展的主要问题有哪些？解决问题的基本思路是什么？

党和政府一直高度重视民办教育，并不断采取措施，加大工作部署，加快法制建设，完善政策环境，大力促进民办教育健康发展。民办教育连续多年保持稳定增长，扩大了教育资源，优化了教育结构，促进了教育改革，满足了多样化需求，为国家经济建设和教育改革发展作出了重大贡献。

应该看到，伴随着改革开放的不断深化，在促进民办教育发展实践中，也客观存在着一些制约和影响民办教育发展的问题。主要表现是：一方面一些地方对民办教育重要性的认识还不够，对民办学校存在各种歧视现象，有关法律规定和优惠政策落实不到位，与此同时，民办学校自身办学行为还不够规范，教育教学质量还不高，缺少适应经济发展的办学特色；另一方面困扰民办学校的法人属性、产权归属、学校权利、教师权益、会计制度、营利与非营利划分、合理回报、优惠政策、市场监管、政府服务等问题，还需要从顶层制度设计方面，不断创新发展模式，完善有关配套政策。

《教育规划纲要》对深化办学体制改革，大力支持民办教育，依法管理民办教育作了工作部署，也为进一步促进民办教育发展明确了方向和路径，注入了强大动力。当前破解发展难题，做好民办教育工作的主要思路，就是要进一步树立科学发展观，提高对民办教育工作重要性的认识，全面准确领会国家各项工作部署，清醒认识当前面临的形式任务，抓紧落实把民办教育作为教育事业发展的重要增长点和促进教育改革的重要力量，把发展民办教育作为政府的重要工作职责。加强对民办教育的统筹、规划和管理，加快健全统筹有力、权责明确的管理体制，坚持公益性原则，健全政府主导、社会参与、办学主体多元、办学形式多样、充满生机活力的办学体制。现阶段要抓好以下方面的工作：

一是要同等对待。对学校，要保证民办学校在招生、专业设置、学位点审批、对外交流等方面享有同公办学校同样的待遇；对教师，要依法推动民办学校教师在职称评定、工龄计算方面享受与公办学校教师同等待遇；对学生，要落实民办学校学生在升学、国家助学贷款、国家奖学金、生活困难补助、就业等方面与公办学校学生享有同等的权利。

二是要大力扶持。在政策上，要进一步制定促进民办教育发展的意见，全面清理对民办学校的各项歧视性政策，重点破解制约民办学校发展的法人属性、产权归属等难题。在资金上，在教育规划和教育的重大项目中，把民办教育放进视野，纳入其中。政府委托民办学校承担的任务要实行购买，拨付相应的费用。要积极设立民办教育专项资金，对办学质量高、社会声誉好的民办学校予以奖励。

三是要规范管理。要加快完善民办教育基本制度和基本规范。要加强民办学校党的建设工作，改进民办学校思想政治教育工作。切实落实民办学校法人财产权，依法建立民办学校财务、会计和资产管理制度。依法健全民办学校内部治理结构，保障民办学校师生合法权益。规范学校办学行为，建立民办学校监督管理和风险防范机制。

四是要推进改革。民办教育存在着许多问题，主要在于对民办学校的法人属性、资产归属、合理回报、是否营利等问题界定和判断不清楚。要积极稳妥推动改革工作，探索民办学校分类管理的经验，完善分类管理的体制和扶持政策，鼓励各地按照国家的规定和各地的实际稳妥推进改革，积极出台促进民办教育发展的有关政策，探索促进民办教育发展新的改革经验。

五是要勇于探索。民办教育的发展不仅需要各级政府的努力，更需要社会力量和民办学校的积极实践。民办学校要积极转变办学理念，创新人才培养模式；要转变发展方式，实现内涵发展；要转变管理，主动参与现代学校制度的建设；要不断创新体制机制和育人模式，提高质量，办出特色，适应需求，努力办出一批高水平民办学校。

30. 如何发挥高校章程在建设现代大学制度中的作用？

依据《教育法》的规定，制定章程并依据章程自主管理是学校的法定权利，《高等教育法》专门规定了高校章程的内容。《教育规划纲要》在"完善中国特色现代大学制度"一节，专门提出要"加强章程建设"，"各类高校应依法制定章程，依照章程规定管理学校"。近些年，我国高等教育改革发展的实践表明，促进高校科学发展，基本的经验就是要依法治校，依法办学。高等学校章程不仅是高等学校依法自主管理，实现依法治校的必要条件，也是明确高等学校内外部权利义务关系，促进高校完善治理结构、科学发展，建设现代大学制度的重要载体。为推动高校章程建设，教育部于 2011 年 11 月发布《高等学校章程制定暂行办法》（教育部令第 31 号，以下简称《制定办法》），对高校章程制定的原则、内容提出指导意见，规范了章程制定与核准的程序，从实体和程序两方面，对高校章程建设的重要问题作了全面规定。《制定办法》是推进现代大学制度建设的一个标志性文件，对于推动高等教育体制改革具有重要的意义。

发挥高校章程在建设现代大学制度中的作用，关键是要紧紧依靠制度保障和体制创新。第一，要提高对高校章程地位与作用的认识。章程是明确学校办学自主权及其监督机制，明确学校与政府部门、举办者权利义务关系，体现学校内部各种主体共同意志的内部"宪章"，是学校管理与办学活动的基本准则，是现代大学制度的载体和依法治校的重要依据。第二，章程要鲜明体现法治的原则的原则和自主的原则，适应建设现代大学制度的需要。章程不能成为学校现有制度规范的集合和汇编，而应当成为高校系统改革的载体，使高校内部治理结构改革与高校制定章程相互促进。高校要在相关法律及《制定办法》规定的原则、框架内自主创制章程的内容，反映学校的办学特色，特别是在办学理念、组织形式等方面的理念与制度创新，避免出现千校一面的局面。第三，章程内容要完备、规范，系统规定现代大学制度的框架与内容，具有规范性、操作性和可执行性。章程要依据《制定办法》，全面包含法定内容、保障和监督办学自主权的内容以及构建大学法人治理结构等方面的内容，形成完备的制度框架，为学校制定的其他各种规定提供依据和原则。第四，章程的制定过程要经过充分的民主协商。章程要成为学校的基本行为准则，必须经过合法、民主的程序，在学校内部经过充分讨论，广泛征求教职工、学生以及其他有关方面的意见，使章程制定成为凝聚校内外共识的过程。第五，章程要履行法定的程序，具备合法性的要件。章程要按照相关法律和《制定办法》的规定，履行教职工代表大会审议、校长办公会议审议、党委会审定、法定代表人签署等程序后，报送教育主管部门核准。教育主管部门的核准是确定章程合法性的必要环节，经过核准的章程，对于学校和教育部门都具有约束力。第六，要建立章程的执行与监督程序。章程要发挥作用，关键在执行与监督机制。在学校内部要建立依据章程审核内部文件，审查办学与管理行为，接受教职工、学生和社会监督的执行机制；教育主管部门要把章程作为监督学校的重要依据。形成学校依据章程自主办学、自我约束，政府、社会依据章程监督学校，政校分开、管办分离的高等教育行政管理新体制。

31. "十二五"时期进一步加强教育督导工作的主要举措有哪些？

一是颁布实施《教育督导条例》（以下简称《条例》）。在《条例》中明确规定教育督导机构的设置、职责、职权、督导队伍的配备和工作机制等，确保教育督导工作有法可依。研究贯彻落实《条例》具体措施，完善教育督导制度。二是探索建立相对独立的教育督导机构。指导各地结合实际，积极做好教育督导体制改革试点工作。探索建立相对独立的教育督导机构，独立行使教育督导职能，充分发挥监督、指导和保障作用。三是健全国家督学制度。完善国家督学聘任管理办法，做好国家督学换届工作，建设专兼职督导队伍。建立督学职级资格认证制度。建立督学责任区制度。加强各级教育督导队伍的建设和培训，提高教育督导队伍整体水平。四是有效开展教育督导评估工作。开展对义务教育发展基本均衡县的评估认定，推动义务教育均衡发展。开展学前教育、职业教育督导评估，促进学前教育、职业教育发展。开展中小学教育质量和学校实施素质教育督导评估，促进学校规范办学行为，推动实施素质教育，提高学校教育质量。开展地方政府履行教育职责评价，督促地方政府依法履行教育职责。推动解决人民群众关心的教育热点问题，促进教育公平，促进教育质量提高。五是健全教育质量监测与评估制度。建立和完善教育事业发展与质量监测评估制度和定期报告制度。进一步完善监测指标体系和工具，打造具有中国特色的教育质量系。在全国开展义务教育阶段学生相关学科学习质量监测工作，形成监测报告，为推动义务教育质量提高提供依据。六是完善监督问责机制。建立健全层级监督机制，完善教育督导约谈和问责机制，充分发挥教育督导职能。建立结果公报和报告制度，坚持以公开为准则，对所有对象的督导检查结果、对教育事业发展和教育质量的监测结果予以公开发布。采取与地方和部门领导约谈、公布限期整改通知及限期整改结果等方式进行直接问责。

32. 国家教育咨询委员会的构成和职能是什么？

根据《国家教育咨询委员会章程》，国家教育咨询委员会由 60 名左右专家组成，分 10 个组开展工作。成员由全国人大教科文卫委员会、全国政协教科文卫体委员会、各民主党派、国务院参事室、一级教育学会和领导小组成员单位等推荐产生。首届国家教育咨询委员会由 64 名委员组成。其中，曾任大中小学校长的 20 多人，教育领域一级学会负责人 6 人，全国人大代表和全国政协委员 18 人，国务院参事 5 人，现任或曾任民主党派中央、人民团体副主席的 12 人。委员们造诣深，名望高，公信力强，有较高的代表性和权威性。

国家教育咨询委员会是对国家重大教育改革发展政策进行调研、论证、评估的咨询机构，对国家教育体制改革领导小组负责。咨询委员会主要职能：一是对重大教育政策、重大改革事项等进行论证评议，提供咨询意见；二是开展调查研究，对教育改革和发展的重大问题提出政策建议；三是对国家教育体制改革试点以及重大项目进行评估，提出报告。

33. 如何提高教育决策的科学化、民主化水平？

推进政府决策科学化民主化，是发展社会主义民主、建设社会主义政治文明的重要内容。教育是国计，也是民生，教育决策关系国家与民族未来，寄托着亿万家庭对美好生活的期盼。推进教育决策科学化民主化，对于提高教育工作科学化水平、完善公共教育服务体系、保障人民群众依法享有受教育的权利，具有重要意义。推动教育事业在新的历史起点上科学发展，必须不断健全决策制度与程序，完善决策信息和智力支持系统，努力使教育政策符合规律、顺应民意。

一是建立健全重大教育决策公开征求意见制度。坚持问政于民、问需于民、问计于民，增强决策透明度和公众参与度。制定与群众利益密切相关的重大教育政策，要广泛征求公众意见建议。要通过广播、电视、报刊、网络等多种渠道，及时向社会公布决策方案和有关信息，充分听取社会各界意见。加强听证制度与程序建设，认真研究和采纳听证代表的意见建议。

二是完善教育决策咨询制度。充分发挥国家和各级教育咨询委员会及各类教育决策咨询机构的作用，重大教育政策要经过专家论证和专家咨询，充分听取专家意见建议。

三是建立健全调查研究制度。各级教育部门领导干部要深入教育教学第一线调查研究，形成联系学校和听课制度。认真研究教育教学工作中的深层次问题和人民群众反映强烈的热点难点问题，及时发现和总结基层创造的有效做法和成功经验，切实增强政策的针对性和实效性。

四是加强教育政策合法性审查。教育政策的制定和出台，要严格依照法定权限和程序，并由教育法制机构进行合法性审查。

五是进一步提高科学民主决策的意识和能力。在教育系统广泛开展学习型组织建设，加强教育基本理论、基本政策、常用法律法规等方面的学习和培训，全面提高教育行政部门干部科学、民主、依法决策的意识和能力。进一步加强教育改革发展战略性、前瞻性问题研究，密切关注国际教育改革的新态势，认真总结我国教育改革的成功实践，为教育决策提供强有力的理论和政策支撑。

34. "十二五"期间如何推进学校建设标准体系的建立？

建立系统完善、适合中国国情、具有中国特色、代表世界先进水平的学校建设标准体系，对科学规划布局、合理确定投资、规范校园建设、提升办学条件、优化资源配置、推动各级各类教育事业健康有序地发展，有着非常重要的意义。

"十二五"期间，学校建设标准体系的工作重点主要是以下四个方面：一是加快学校建设标准的编制进程，健全和完善学校建设标准资料库和数据库。按照全覆盖、可操作和前瞻性的标准编制要求，参照世界水准进行创新，科学制定既适合我国当前国情又适应未来发展的各级各类学校建设标准。"十二五"期间，标准编制工作计划在原有的基础上，完成幼儿园、城市普通中小学校、中等职业学校、高等职业技术学院、高等学校等的建设标准的修编和新编，为各级政府的教育基础设施投入决策提供科学依据。二是加强学校建设标准的专家队伍建设，统筹做好学校建设标准的科学编制、宣传推广、技术培训等工作。依托"学校建设标准国家研究中心"工作平台，提高学校建设标准编制工作成员的水平和层次，加大标准的宣传推广和技术培训力度，逐步形成一支稳定的从事学校建设标准工作的专家队伍。通过建立全国专家数据库，发挥专家的专业与技术优势，深入开展标准的宣传和培训工作，搜集标准在实践中的反馈信息，进一步做好标准的修订工作，从而保证标准编制工作的统一性和可持续性。三是抓紧各级各类学校建设标准的研究工作，加强国际合作与对外交流。一方面要针对我国的国情、教情，围绕中长期教育改革和发展的战略任务，以加强薄弱环节和关键领域为重点，加强对我国教育事业基本国情和发展前景的研究，加强对各级各类教育基本规律和教学特点的研究，加强对各级各类学校校舍使用功能和师生需求的研究等。另一方面要积极"走出去"、"请进来"，认真比对我国学校建设标准与国外标准的差距，充分吸取国外标准编制的先进经验，把符合我国教育发展的好标准引进来，同时要加强对国外学校建设标准的现行水准和发展趋势的研究，确保学校建设标准研究工作在国际上处于先进水平。四是建立系统完善、适合中国国情、具有中国特色、代表世界先进水平的学校建设标准体系。学校建设标准体系以标准为核心，以规范、指南、图集、案例等资料为支撑。支撑是对标准的解释、细化和说明，防止标准在执行过程中出现误读、跑偏和走样，促进标准的普及推广与使用。在加快学校建设标准编制的同时，要注重与学校建设标准配套的相关资料的同步跟进，形成"一核四支"的完整体系，有效地指导学校标准化建设，推进各级各类学校建设的科学化、规范化，为全国教育事业的科学发展、优先发展、快速发展、和谐发展提供高水平的法律保障和高质量的技术支撑。

35. 如何建立科学的教育绩效评价制度？

建立科学的教育绩效评价制度对教育教学活动具有导向和激励作用。新的社会需求、新的人才培养观念以及各级各类教育的改革发展目标，都要求建立科学、多样、灵活，符合教育规律和人才成长规律的教育绩效评价制度。

建立科学的教育绩效评价制度，一是要建立科学的评价指标体系。要以服务经济社会发展和人的全面发展为导向，以人才培养为核心，制定科学评价政府、学校和教师的教育绩效评价指标体系。二是要形成多元评价主体。鼓励社会、家长、用人单位和第三方机构通过多种方式参与教育绩效评价，探索引进专业、课程的同行评价制度，积极参与国际教育质量认证和评价。三是要改革教师评价制度。要以岗位职责为基础，以品德、能力和业绩为主要内容，将校长、幼儿园园长和教师的绩效评价同绩效工资挂钩，并作为业绩奖励、职务（职称）晋升等的主要依据。四是要改革学校评价制度。突出分类指导原则，根据各级各类学校的功能定位和发展特色，制定科学、多样化的评价标准，将职业院校和高等学校的绩效同政府对学校的奖励性、竞争性教育拨款挂钩。从素质教育的要求出发，对学生德智体美等发展情况、发展优势、创新精神和实践能力作出全面评价，做好学生成长记录，完善科学的综合素质评价制度。五是加快科研评价制度改革。完善以创新和质量为核心的科研评价机制，切实减少行政对学术评价的

146

干预。六是探索建立政府的教育绩效评价制度。把推进教育事业科学发展作为各级政府绩效考核的重要内容，完善考核机制和问责制度。强化政府落实教育法律法规和政策情况的督导检查。教育绩效评价要注重发展性，鼓励教学改革和创新，不得影响学校的正常教学秩序。

36. "十二五"时期健全高校招生考试制度的主要措施有哪些？

《教育规划纲要》单列"考试招生制度改革"一章，为全面深化高校招生考试制度改革明确了基本原则、改革目标和主要任务。《教育"十二五"规划》具体明确了高校招生考试制度改革的阶段性目标和任务，是贯彻落实《教育规划纲要》的重要举措和实际步骤。

高考改革的实践证明：高考制度是我国现阶段保障社会公平的重要制度，必须坚持；高考改革势在必行，要不断完善考试内容、形式和招生办法；高考改革是一项复杂的系统工程，有关改革方案要统筹考虑、整体设计，积极、稳妥地推进。

"十二五"时期，高考改革的原则是有利于科学选拔人才、促进学生健康发展和维护社会公平，改革方向是探索招生与考试相对分离的办法，政府宏观管理，专业机构组织实施，学校依法自主招生，学生多次选择，逐步形成分类考试、综合评价、多元录取的考试招生制度。主要措施包括以下几项：

一是加快建设高校招生综合评价体系。在完善国家统一考试的同时，建立健全高中学业水平考试和高中学生综合素质评价制度，为高校招生录取提供科学的参考依据。

以自主选拔录取试点高校为主，积极探索建立符合高校自身办学定位的高校选拔评价体系。

二是进一步深化统一考试内容与形式改革。基本建成并不断完善国家教育考试科目试题库，确保考试内容的科学性、导向性和规范性。推进普通本科与高职教育分类入学考试，采取"知识＋技能"、单考单招、对口招生等方式，促进高职入学方式多样化。进一步改革考试科目设置，探索实行部分科目一年多次考试。

三是推进高校选拔录取模式和方式改革。一方面，加快推进高水平大学和高职院校招生录取模式改革。自主选拔录取试点逐步扩大范围和规模。高职院校积极探索符合高职教育特点和规律的人才选拔模式。另一方面，推进普通本科以高考成绩为基础，结合高中学业水平考试及综合素质评价结果，由高校择优录取。同时，建立健全有利于优秀人才选拔的多元录取机制。对符合条件，自愿到国家需要的行业、地区就业的，予以定向录取；对在实践岗位作出突出贡献或者具有特殊才能的人才，建立专门程序，实行破格录取。

四是促进高等教育入学机会公平。完善高等学校招生名额分配方式，努力缩小区域间高等教育入学机会差距。继续实施支援中西部地区招生协作计划，进一步降低中央部门所属高校在属地招生比例，招生计划更多投向升学压力较大的中西部地区。

五是完善高考改革的保障机制。这既是确保改革顺利进行的需要，也是高考制度自身建设的需要。继续大力实施"阳光工程"，加快制定教育考试法等法规，保障考生的合法权益，依法惩处各类涉考违法违规行为。进一步明确高考组织实施的安全责任，完善招生考试诚信制度，强化部门协作机制，加大防范和打击危害高考行为的力度，维护招生考试公平、公正。

37. 如何通过高考招生制度改革促进素质教育实施？

坚持以人为本、全面实施素质教育是教育改革发展的战略主题，也是高考招生制度改革的价值取向，在改革实施中需要全面把握、重点强化。总体上，要加强对高校招生考试、录取和中学综合评价的统筹，促进高考改革与中学课改、国家统考与对学生的综合评价、考试改革与高校录取模式改革相结合，将学生高中学业水平考试和综合素质评价结果纳入高校招生评价体系。进一步深化统考内容和形式的改革，更加注重考查学生运用所学知识分析问题、解决问题的能力，发挥积极导向作用；建立健全高校招生综合评价体系，录取考生不仅仅依据一次高考成绩，增加过程性、成长性评价，全面考查学生的素质和能力；探索考试内容、考试形式与素质教育要求的有机结合，促进素质教育各项要求的贯彻落实，引导学生全面而有个性地健康发展。

第五部分　调整人才培养与供给结构

38. 为什么要大力推进人才培养结构的战略性调整？有哪些重要举措？

《教育规划纲要》和《人才规划纲要》都明确提出了推进人才培养结构战略性调整的目标任务。加快人才培养结构调整，也是"十二五"期间教育改革发展重大的战略性任务。

经济社会发展的需求决定了人力资源的结构。从人才培养的角度看，当前我国教育结构还没有完全适应国家经济社会发展的要求，人才培养结构不尽合理，创新型、实用型、复合型人才紧缺，普通高校毕业生就业难与"技工荒"并存。要提高教育对经济社会发展的贡献能力和支撑能力，必须根据经济社会发展的需求，大力推进人才培养结构的调整，为加快转变经济发展方式提供强大的人才支撑。

一是加快培养经济社会发展重点领域急需紧缺人才。根据国家战略性新兴产业规划布局，加快相关新兴学科建设和急需人才培养；服务国家产业发展和文化发展、社会建设以及公共服务需要，加快培养先进制造业和现代服务业急需人才，面向"三农"的急需紧缺人才，以及文化、社会建设和公共服务、国防等方面的急需人才。

二是扩大应用型、技能型、复合型人才培养规模。加强应用型、技能型人才学科专业建设，加快建设现代职业教育体系，推进高等教育人才培养结构战略性调整，优化高等教育人才培养结构，拓宽复合型人才培养渠道，扩大应用型、技能型人才培养比例。

三是建立人才培养与供给结构调整机制。完善人才需求预测与发布机制，实现人才培养与经济社会发展需求的对接。完善政策机制，加强对学科专业结构的宏观调控，促进学校根据区域经济社会发展需求，积极主动调整学科专业结构。

39. 为什么要加快培养战略性新兴产业人才？

战略性新兴产业是以重大技术突破和重大发展需求为基础，对经济社会全局和长远发展具有重大引领带动作用的产业，是引导未来经济社会发展的重要力量。发展战略性新兴产业已成为世界主要国家抢占新一轮经济和科技发展制高点的重大战略，也是"十二五"时期我国推进产业结构升级、加快经济发展方式转变的重大举措。2010年10月，国务院发布了《关于加快培育和发展战略性新兴产业的决定》，明确将从财税、金融等方面出台一揽子政策加快培育和发展包括节能环保、新一代信息技术、生物、高端装备制造、新能源、新材料、新能源汽车等在内的战略性新兴产业，并提出到2015年，战略性新兴产业增加值占国内生产总值的比重要力争达到8%左右。战略性新兴产业作为"十二五"期间国民经济和社会发展的重点，被提到了前所未有的高度。

人才资源是战略性新兴产业发展的决定力量。战略性新兴产业发展需要大量的复合型人才、专业型人才、产业技术型人才和高素质的技术工人。当前，我国战略性新兴产业总体水平与世界先进水平相比，仍有较大差距，关键技术自给率比较低，自主创新能力还不够强，其主要原因之一就在于高素质专业人才的短缺。因此，迫切需要推动人才培养结构战略性调整，优化人才培养结构，加快培养能源、生物、新材料等相关领域急需的各层次人才。"十二五"期间，要着力从以下两个方面入手：

一是要加快培养创新型人才。战略性新兴产业是知识技术密集、物质资源消耗少、以创新为主要驱动力的产业，与其他产业相比，对创新型人才的需求更为迫切。"十二五"期间，一要支持和鼓励有条件的高等学校从本科教育入手，加快教学内容、课程体系、教学方法的改革和创新，提高人才培养质量，满足国家战略性新兴产业发展对高素质人才的迫切需求。二要发挥研究型大学的支撑和引领作用，加强战略性新兴产业相关专业学科建设，加快学科专业结构调整，自主设立战略性新兴产业相关学科专业，超前部署基础学科、前沿学科、交叉学科发展，培养多元复合型人才。三要根据国家战略性新兴产业的规划和布局，在高等学校建立一批服务战略性新兴产业的创新人才培养和科技创新基地，鼓励高等学校联合参与国家产业创新发展工程。

二是要加快应用型、技能型人才培养。战略性新兴产业的发展不仅需要高层次创新型、复合型人才，更需要大量掌握先进生产技术和工艺的各层次技术技能专门人才与高素质的技术工人。因此，一要加快现代职业教育体系建设，根据战略性新兴产业发展需要，培养多层次、多类型的技术技能人才，推动高等教育人才培养结构调整，扩大应用型、技能型人才培养比重。二要改革人才培养模式，制定鼓励企业参与人才培养的政策，建立校企联合培养人才的新机制。

40. 如何加强应用型、技能型、复合型人才培养？

加强应用型、技能型、复合型人才培养，在职业教育中，必须坚持以体系建设为引领、以提高质量为重点、以深化校企合作为主线，坚持德育为先、能力为重、全面发展，着力培养学生的职业道德、职业技能和就业创业能力，形成有利于全面成才、人人成才、多样化人才培养的良好育人局面。应重点做好以下工作：

第一，构建现代职业教育体系。构建适应需求、有机衔接、多元立交，具有中国特色、世界水准的现代职业教育体系。坚持科学定位、系统培养，发挥中等职业教育的基础作用，重点培养技能型人才；发挥高等职业教育的引领作用，重点培养高端技能型人才；探索本科层次职业教育人才培养途径，重点培养应用型人才。

第二，加强和改进职业院校德育工作。把立德树人作为职业教育的根本任务，不断增强德育的针对性和实效性。一是加强职业院校党建工作。用中国特色社会主义理论体系武装师生员工，扎实推进学习型党组织建设。二是推进职业院校德育课程改革。将社会主义核心价值体系融入职业教育全过程。三是加强和改进职业院校校园文化建设和实践育人。深入宣传中央精神、先进典型及创先争优活动取得的经验和成就。四是积极推进就业和职业指导工作。

第三，构建产教结合、校企合作制度。一是健全制度基础。修订《职业教育法》，出台校企合作促进办法，明确行业企业的职责，充分调动其积极性。二是完善行业指导制度。完善行业指导职业教育分类政策，搭建行业指导和企业参与的制度化平台。三是健全产教协作机制。依托行业推进专业设置、课程标准、教材开发、实训基地和教师培训等改革。四是加强集团办学机制。制定推进职业教育集团化办学的意见，鼓励和支持政府、行业、企业和学校等多元主体组建职业教育集团。五是完善顶岗实习环节。制定"职业院校学生顶岗实习管理规定"，加强实习管理，提高实习效果。

第四，加强专业、课程和教材建设。一是改革专业设置。根据市场需求和职业岗位，科学设置和动态调整专业，促进专业与产业、职业岗位对接。二是加强课程建设。贴近岗位实际工作过程，更新课程内容，调整课程结构，推进专业课程内容与职业标准相衔接，建立健全课程衔接体系，形成适应经济发展方式转变和产业结构调整要求的课程建设机制。三是创新教材建设。开展职业教育改革创新示范教材遴选。依托企业研发适应新产业、新职业和新岗位的教材。加强学生文化素养教育，开发职业学校人文素养教材。

第五，加强"双师型"教师队伍建设。一是实施职业院校教师素质提高计划。加强骨干教师培训、教师企业实践、聘请兼职教师、师资基地建设工作。二是推动校企共建"双师型"教师培养培训基地。推动基地强化校企合作机制和模式。依托大型企业建立全国职业教育教师企业实践单位。三是完善"双师型"教师队伍建设政策机制。制定"职业院校教师企业实践规定"、"职业院校兼职教师管理办法"、"职业院校教师资格标准和职务（职称）评聘办法"等，构建内容完备、特色鲜明、管理规范、相互衔接的职业教育教师管理制度体系。

第六，加强职业教育基础能力建设。加大投入，实施好国家中等职业教育改革发展示范学校建设、示范性（骨干）高等职业院校建设、职业教育实训基地建设、中等职业教育基础能力建设（特色学校建设）、高等职业学校提升专业服务产业发展能力建设等重大项目。同时，通过打造骨干院校梯队，探索典型模式和经验，发挥示范引领作用，推动职业院校提高整体办学水平，为培养高素质技能型、应用型和复合型人才奠定坚实基础。

第七，健全职业教育管理制度。一是完善职业教育基本教学制度和学校管理制度。二是推进职业教育国家标准建设。制定职业学校建设标准、专业设置标准、实训基地建设标准、教职工编制标准等，促进职业教育关键要素标准化。三是建立健全职业教育督导制度。加强职业教育工作督导评估，健全职业教育国家政策和制度执行落实机制。

在本科教育阶段，一是鼓励高校围绕国家、区域经济社会发展、产业结构调整升级和特殊行业实际需要，调整学科专业结构，重点发展为解决经济社会发展中的紧迫问题提供有力支撑的新兴技术学科和应用文科相关专业。二是大力改革人才培养模式。建立和行业企业共同培养人才的新机制。高校和行业企业共同确定培养目标、培养标准、培养方案，共同建设课程体系和教学内容，共同组织实施校外实践教育的培养过程，共同评价学生培养质量。行业企业派优秀技术人员和实务工作者参与教学，指导学生实践和做毕业设计、毕业论文，学校教师到行业企业一线参加实际工作，积累实践经验。三是加强实践教学环节。优化知识结构，强化实践环节，注重在科学研究中培养人才，在社会实践中培养人才。四是在高校评估中体现分类指导的思想。对新建本科院校的合格评估中强调学校服务地方经济建设和培养应用型人才的能力。

41. 高校毕业生就业服务体系建设的主要内容是什么？

目前，高校毕业生就业服务主要由省级高校毕业生就业指导服务机构、公共就业服务机构、社会相关机构以及高等学校提供，其中，高等学校是提供高校毕业生就业服务的主体，发挥着重要的基础性作用。当前，我国已拥有世界上规模最大的高等教育体系，迫切需要建立一套与之相适应的、相辅相成的就业服务体系。建立高校毕业生就业服务体系，是新形势下做好高校毕业生就业工作的必然要求，是以人为本在高等教育改革发展中的重要体现，是政府提供公共服务的重要内容。

胡锦涛总书记在 2010 年全国教育工作会议上明确要求"建立和完善高校毕业生就业服务体系"。《教育规划纲要》提出"加强就业创业教育和就业指导服务"。为此，将重点建设并完善高校毕业生就业服务体系的八个支撑系统：一是高校毕业生就业政策支撑系统。完善已有就业政策，进一步制定高校毕业生到城乡基层、中西部地区、中小企业就业和自主创业的新政策。二是引导毕业生到基层就业的服务系统。拓宽毕业生基层就业渠道，进一步改善工资、待遇等就业环境，完善服务期满有序流动的相关政策。三是就业创业指导服务系统。加强职业生涯教育和就业创业指导课程建设，着力提高课程质量；开发符合中国国情的高校学生职业发展测评系统，为毕业生提供个性化就业创业指导和咨询。四是就业市场和信息服务系统。进一步做强高校校园市场，积极培育协作性、区域性市场，逐步提高毕业生和用人单位信息发布、面试交流、协议签订等信息化水平。五是就业管理服务与监测系统。实现同步实时监测各地高校毕业生就业状况及就业数据统计分析等；逐步实现高校毕业生就业手续办理的信息化、自助化。六是就业状况评价和反馈系统。完善高校毕业生就业统计指标体系和统计办法，制定高校毕业生就业工作评估标准和办法，实现人才培养、社会需求与就业的良性互动。七是就业困难高校毕业生帮扶系统。建立困难群体高校毕业生就业数据库，开展各类援助项目，实施分类指导，提供优先推荐，由政府、高校、社会多方提供就业援助和帮扶。八是组织保障和队伍建设系统。加强组织领导，建立高校毕业生就业工作督导检查机制。重点建设 500 个毕业生高校就业指导服务机构，加大对就业工作人员的培训和培养力度。

42. 如何建立适应时代发展要求的学科、专业目录和动态调整机制？

《教育"十二五"规划》提出，建立体现时代发展要求的学科、专业目录和动态调整机制。在本科教育阶段，2012 年，将发布新修订的《普通高等学校本科专业目录》和《普通高等学校本科专业设置管理规定》。此次修订本科专业目录的原则是科学规范、主动适应、继承发展。科学规范强调专业目录修订应保证专业的划分符合人才培养规律和学科发展逻辑，做到科学、系统和规范。主动适应强调专业目录修订应具有一定的前瞻性，能够主动适应经济、社会、文化和教育的发展需求，合理确定人才培养口径，为新兴学科的发展留有空间。继承发展强调专业目录修订应体现延续性，保留符合规律的、成熟的、社会需求较大的既有专业。同时，要根据国家发展、科技进步、市场需求、教育国际交流与合作的要求进行调整。通过修订，使本科专业目录更加适应经济社会发展需要和人的全面发展需要。

新规定进一步扩大了高校本科专业设置自主权，除公安、医学等国家控制布点专业之外，高校可自主设置新修订的《普通高等学校本科专业目录》中的所有专业，而且，高校可根据社会需求按有关程序增设尚未列入目录的专业。为改进本科专业设置管理方式，设置专业时重在审核基本条件，对高校新设专业申报材料全部实行网上公示，接受社会监督。

高校教育主管部门综合应用规划引领、信息服务、政策指导和资源配置等措施，促进所属高校加强专业内涵建设。省级政府根据当地经济社会发展制定学科专业布局和建设规划，加强专业评估，引导区域内高校调整学科专业设置和培养规模。

高校要从学校实际出发，积极主动围绕经济社会发展需要，以特色优势学科专业建设为引领，制定学科专业建设规划，调整结构性过剩的学科专业，加强新设专业的师资队伍、办学条件建设。

第六部分　扩大和保障公平受教育机会

43. 如何建立县（市、区）域义务教育均衡发展机制？

《教育规划纲要》明确提出均衡发展是义务教育的战略性任务，要率先在县（市、区）域内实现城乡均衡发展，逐步在更大范围内推进，到 2020 年基本实现区域内均衡发展。为贯彻落实《教育规划纲要》提出的目标和任务，今后一个时期，将推动各地依照《义务教育法》规定，坚持国务院领导、省级人民政府统筹规划实施、县级人民政府为主管理的体制，建立健全县（市、区）域义务教育均衡发展机制，推进义务教育学校标准化建设，均衡配置教师、设备、图书、校舍等资源，逐步解决县域内城乡之间、学校之间发展差距较大问题，整体提高义务教育质量和水平。主要做好以下几方面工作：

一是推动各地制定县（市、区）域义务教育均衡发展规划。省级政府要统筹城乡义务教育发展，研究制定推进县（市、区）域义务教育均衡发展规划和分年度实现均衡发展县（市、区）名单，明确义务教育均衡发展的各项要求、任务和保障措施，着重对义务教育普及程度、学校布局结构、教育资源配置、教师队伍建设、教育教学质量、学校规范管理等方面提出要求。

二是推进义务教育学校标准化建设。推动各地将义务教育学校标准化建设作为县（市、区）域义务教育均衡发展的重要任务予以优先保障，研究制定义务教育学校办学标准和义务教育学校标准化建设规划。中央将设立义务教育标准化建设项目，支持中西部农村地区、革命老区、民族地区、边疆地区、贫困地区县（市、区）域义务教育均衡发展。

三是加强省级统筹县（市、区）域义务教育均衡发展职责。推动省级政府建立推进县（市、区）域义务教育均衡发展激励机制和问责制度，完善义务教育均衡发展经费保障机制，不断提高保障水平、扩大保障范围，建立教育资源向辖区内经济困难县（市、区）和薄弱学校倾斜机制，为农村地区补充合格教师，建立健全县（市、区）域内优秀校长和骨干教师交流制度。

四是强化以县为主均衡配置教育资源。推动县级政府按照城乡一体化义务教育发展的要求，落实省级政府制定的义务教育办学标准，均衡配置师资、校舍、设备、图书等教育资源，财政拨款向农村学校和薄弱学校倾斜，改善教学条件，提高公用经费拨付水平，优化教师配备，逐步提高这类学校的办学质量和水平。

五是建立县（市、区）域义务教育均衡发展督导评估制度。推动各省根据国家出台的县（市、区）域义务教育均衡发展督导评估办法制定实施办法，建立县（市、区）域义务教育均衡发展督导评估制度，开展评估认定工作。国家将建立审核认定制度，对经省级人民政府认定的义务教育基本均衡发展县（市、区）进行审核认定，并予以公布。

44. 如何推进义务教育学校标准化建设？

义务教育均衡发展是贯彻落实《教育规划纲要》的战略性任务。义务教育学校标准化是指义务教育学校师资、校舍、仪器设备、图书、文体设施等达到国家规定的基本标准。《义务教育法》明确规定："学校建设，应当符合国家规定的办学标准，适应教育教学需要"。推进义务教育学校标准化建设，是实现义务教育均衡发展的重要抓手，是具有战略意义的重要教育工程，需要着重抓好以下几方面的工作：

一是要明确目标任务。总的目标是 2020 年基本实现义务教育学校标准化，分两个五年计划组织实施。"十二五"时期主要是打好基础，缩小区域间义务教育发展差距，促进县（市、区）域义务教育均衡发展，形成义务教育学校标准化建设的体制机制和政策框架。根据"十二五"的总体目标，确定全国义务教育学校标准化建设的目标，推动各省（区、市）制定省级和省级以下目标。

二是要明确标准。标准化建设必须以各项标准为依据。首先是明确标准化建设的基本要求。国家出台指导性意见，各地要在国家标准的基础上根据本地区实际制定省级标准化建设基本要求。其次是完善标准依据。在现有的基本建设、仪器设备图书、体卫艺器材、教师编制等标准的基础上，根据标准化建设的要求不断修改和完善。

三是要制定规划。标准化建设是一项长周期的系统工程，必须以规划为先导，稳步推进。首先是要制定布局规划。适应城镇化加速和人口布局变化等新形势，统筹考虑适度集中和方便入学的要求，合理确定学校布局。其次是要制定建设规划。根据"十二五"的阶段性目标明确建设任务，统筹中央和地方义务教育保障经费和各项工程资金，建一所成一所，确保五年取得阶段性成效。

四是要强化重点。以促进义务教育均衡发展为导向，中央重点支持革命老区县、边境县、国贫县、民族自治县、留守儿童较多的县和大班额问题突出的中西部县，特别是优先解决边境县、老区县、民族自治县等义务教育学校标准化建设。各地要加大对贫困落后地区的支持力度，市县则要加大对薄弱学校的倾斜。鼓励东部地区加快发展，到2015年基本实现义务教育标准化。

五是要明确职责。推进义务教育学校标准化建设坚持以省级政府为主统筹实施，各部门统筹配合的原则。首先是加强省级政府的统筹责任。把省级政府统筹义务教育学校标准化建设和各项工程项目资金作为省级政府教育统筹的重要内容。县级政府抓好实施规划的制定和各项工程项目的统筹安排。其次是明确有关各部门的职责。各级教育、发改、财政、人社、建设、国土等部门在同级人民政府的统一领导下，各负其责，齐抓共管，协调解决标准化建设实施中的有关问题。

45. "十二五"时期要采取哪些措施扩大学前教育资源？

为实现学前教育"十二五"规划目标，按照《国务院关于当前发展学前教育的若干意见》的要求，进一步落实各级政府发展学前教育责任，加大财政投入，全面实施学前教育三年行动计划和国家学前教育重大项目，着力扩大普惠性学前教育资源，有效缓解"入园难"。具体来说，主要有两大方面的措施：

一是大力发展城乡公办幼儿园，提供广覆盖、保基本的学前教育公共服务。首先是加大政府投入，在学前教育资源短缺地区，加快新建一批城乡公办幼儿园。其次是通过利用中小学布局调整的富余资源改扩建一批公办幼儿园，依托农村小学增设附属幼儿园，在人口分散的偏远地区开展学前教育巡回指导等方式，扩大农村学前教育资源。再次是积极扶持城市部门、集体、企事业单位办园，提高其面向社会提供学前教育公共服务的能力。最后是建好、用好和管理好城镇小区配套幼儿园，确保其与小区同步规划、同步建设、同步交付使用，并将其用于举办公办幼儿园或委托办成普惠性民办幼儿园，保证面向小区提供方便就近的普惠性服务。

二是积极扶持面向大众、收费较低的民办幼儿园，提供普惠性服务。首先是制定优惠政策，通过保证合理用地、减免税费等方式，鼓励社会力量捐资助园和举办幼儿园。其次是采取政府购买服务、以奖代补、派驻公办教师等多种扶持方式，引导和支持民办幼儿园提供普惠性服务。再次是保证民办幼儿园在审批登记、分类定级、评估指导、教师培训、职称评定、资格认定、表彰奖励等方面与公办幼儿园具有同等地位。

46. 如何通过多种形式实现中等职业教育的公益性？

中等职业教育的公益性可主要通过以下几种方式实现：

一是强化法制建设。通过修订《职业教育法》，对我国职业教育体系、管理体制、经费投入、师资队伍、就业准入和职业资格制度以及政府、行业、企业、社会团体、学校和公民发展职业教育的职责、权利和义务等作出明确规定；修订完善《教育法》、《教师法》、《高等教育法》、《民办教育促进法》等有关职业教育条款，制定相应的实施细则，增强职业教育条款的完整性和可操作性。

二是创新办学机制。建立以政府办学为主的未成年人基础职业教育的办学机制；建立以政府主导，行业指导，企业、社会团体共同参与的成年人高等职业教育的办学机制；建立由政府鼓励引导、全社会共同参与举办的劳动者技能转移培训和择业培训的办学机制。

三是完善筹资机制。建立政府统筹、整合、调度、配置全社会职业教育培训经费资源的筹资机制；建立公共财政全额承担未成年人基础职业教育的投入机制；建立政府运用财政、税收、收费、金融、土地等政策引导全社会参与举办职业教育的筹资机制。

四是实施政策引导。制定实施经费、专项、补贴、国债、转移支付等财政政策；制定实施免税、减税、退税等税收政策；制定实施职工教育培训经费足额提取政策；制定实施信贷、融资、贴息等金融政策。

五是实施助学金制度和免学费制度。实施助学金制度和免学费制度，并逐步提高助学金标准和免学费范围。

47. "十二五"时期如何推动解决进城务工人员随迁子女的教育问题？

近年来，随着城镇化进程加快，更多的农村劳动力进城务工。进城务工人员随迁子女和农村留守儿童教育问题社会关注、中央重视。2011 年，全国进城务工人员随迁子女在公办学校就读的比例约为 79.2% 。《教育"十二五"

规划》提出"切实保障进城务工人员子女就学",进一步提出了解决这个问题的思路和方案。

在解决进城务工人员随迁子女教育问题方面,继续深化坚持以输入地政府管理为主、以全日制公办中小学为主的"两为主"政策,健全将常住人口纳入输入地政府义务教育公共财政保障体系、纳入区域教育发展规划的"两个纳入"原则,按照政府主导、多种模式、明确分工、发挥优势、齐抓共管的思路,进一步加强国家基础教育信息化平台建设,完善全国学生电子学籍管理系统和学校管理信息系统,加快建立覆盖本地进城务工人员随迁子女的义务教育服务与监管网络,做好数据采集和日常管理工作,及时掌握学生流动状况,形成进城务工人员随迁子女动态调控和管理机制,妥善解决随迁子女平等接受义务教育问题。鼓励各地采取发放培训券等灵活多样的形式,使新生代农民工都能在当地免费接受基本的职业教育与培训。适度扩大公办学校资源,在公办学校不能满足需要的情况下,采取政府购买服务等方式保障进城务工人员随迁子女在依法举办的民办学校接受义务教育。通过公办学校托管、加强教研指导、开展教师培训等途径,提高过渡性专门接收进城务工人员随迁子女民办学校的教育质量。当前,进城务工人员随迁子女在流入地升学是一个紧迫的问题,《教育"十二五"规划》提出,推动各地制定非户籍常住人口在流入地接受高中阶段教育,省内流动人口就地参加高考升学的办法,研究省外常住非户籍人口在居住地参加高考升学的办法。

在解决留守儿童教育问题方面,主要工作包括以下几个方面：一是加快寄宿制学校建设。继续实施农村义务教育薄弱学校改造计划和中西部农村初中校舍改造工作，加快中西部留守儿童大县农村寄宿制学校建设，妥善解决农村寄宿制学校管理服务人员配置问题，研究解决寄宿制学校建成后出现的新情况、新问题。二是建立健全服务体系和监测机制。建立政府主导、社会参与的农村留守儿童服务体系和动态监测机制，建立留守儿童安全保护预警和应急机制，优先满足留守儿童上寄宿制学校的需求。三是创新对留守儿童的关爱模式。把关爱留守儿童工作纳入社会管理创新体系之中，构建学校、家庭和社会各界广泛参与的关爱网络，创新关爱模式。针对留守儿童的身心健康、行为习惯培养等方面存在的突出问题，实行留守儿童的普查登记制度和教职工结对帮扶制度，加强对留守儿童的心理健康教育。做好亚孤儿和特困生救助工作。

48. 如何提高特殊教育的保障水平？

"十二五"期间特殊教育改革与发展的主要任务是：大力普及残疾儿童少年义务教育，进一步完善特殊教育体系；不断增强残疾学生的综合素质，努力提高特殊教育质量。这就要求我们努力完善特殊教育保障体系，不断提高保障水平。

一要切实把提高特殊教育保障水平摆上重要位置。要进一步提高对发展特殊教育重要意义的认识，把特殊教育事业纳入当地经济社会发展规划，把提高特殊教育保障水平列入重要议事日程，认真研究特殊教育所面临的困难问题，及时制定政策，切实落到实处。

二要不断提高特殊教育学校的经费保障水平。要不断加大财政投入，全面改善特殊教育学校的办学条件，特别要重点加强区县特殊教育学校的建设。充分考虑医教结合和个别化教育的需要，加强专用仪器设备的配备。结合各地实际和特殊教育学校的办学需要，专门制定明显高于普通教育的特殊教育经费标准。继续设立特殊教育专项补助费并不断提高，努力解决特殊教育存在的一些突出困难和问题。

三要建立随班就读支持保障体系。要配合卫生、残联等部门做好残疾儿童的筛查鉴定和登记工作，组织好具有接受普通教育能力的残疾儿童少年在普通学校随班就读；加大对承担随班就读任务普通学校的支持力度，加强师资力量和经费保障；建好随班就读资源教室，加强随班就读教研和巡回指导，提高随班就读的质量。

四要完善残疾学生资助体系。落实各级各类残疾学生的资助政策，不断提高资助水平。全面实施残疾学生免费义务教育，在"两免一补"基础上，针对残疾学生的特殊需要，进一步提高补助水平。资助残疾儿童接受普惠性学前教育。逐步实施残疾学生高中阶段免费教育。普通高校全日制本专科在校生中家庭经济困难的残疾学生和中等职业学校一、二年级在校生中残疾学生要全部享受国家助学金。在特殊教育学校职业高中班（部）就读的残疾学生也应享受国家助学金。

五要加强特殊教育师资队伍建设。要根据特殊教育的实际，提高特殊教育教师的津贴标准，并在职称评定、表彰奖励等方面向特殊教育教师倾斜。加强特殊教育教师培养培训基地的建设，将特殊教育教师培训纳入"国培计划"，促进特殊教育教师的专业发展。

六要拓宽特殊教育的经费来源。彩票公益金要结合本地实际，按照使用宗旨，支持残疾儿童少年特殊教育；要从残疾人就业保障金中安排一定比例的资金用于特殊教育学校（院）开展包括社会成年残疾人在内的各种职业教育与培训；积极鼓励个人、企业和民间组织支持特殊教育，广泛动员和鼓励社会各界捐资助学。

49. "十二五"时期完善资助体系的总体思路是什么？

党和政府高度重视家庭经济困难学生资助工作，经过多年不懈的努力，已建立起从学前教育到高等教育各个教育阶段的家庭经济困难学生资助体系。"十二五"时期，将全面贯彻落实《教育规划纲要》精神，立足于教育事业改革发展的全局，进一步健全和完善学生资助政策体系，扩大资助范围和提升资助水平，强化监督检查和资金管理，保障每个学生不因家庭经济困难而失学，促进教育公平。

一是完善学前教育资助制度。按照"地方先行，中央补助"的原则，要求地方从 2011 年秋季学期起建立学前教育资助制度，对在园家庭经济困难儿童、孤儿和残疾儿童予以资助。具体资助方式和资助标准由省级政府自行制定。中央财政根据地方出台的资助政策、经费投入及实施效果等因素，予以奖补。

二是进一步完善义务教育资助体系。一要完善家庭经济困难寄宿学生生活费补助政策。义务教育阶段"一补"政策经过不断调整完善，目前达到小学每生每天 4 元，全年 1000 元，初中每生每天 5 元，全年 1250 元。2011 年，中央投入专项资金 67 亿元，为中西部 1283 万名农村家庭经济困难寄宿生提供生活费补助，"一补"覆盖率（享受一补学生占寄宿生的比例）达到 48%。"十二五"期间，国家将根据经济社会发展水平和财力实际，对"一补"发放范围和标准等进行动态调整，逐步扩大"一补"覆盖面，逐步提高补助标准，进一步解决家庭经济困难学生的生活问题。二要实施农村义务教育学生营养改善计划。2011 年 11 月，国务院办公厅印发了《关于实施农村义务教育学生营养改善计划的意见》（国办发〔2011〕54 号），启动实施农村义务教育学生营养改善计划，在集中连片特殊困难地区的 699 个县级单位（含新疆生产建设兵团 19 个团场）开展国家试点，中央财政每年投入 160 多亿元，为试点地区农村义务教育学生每生每天提供 3 元的营养补助，受益学生达 2600 多万名。同时，中央财政还专门安排食堂建设资金，重点支持试点地区农村中小学食堂（伙房）建设和相关设施设备配备。"十二五"期间，认真组织实施好营养改善计划国家试点，同时积极支持和鼓励地方开展试点，总结交流各地典型经验做法，认真研究试点问题和困难，及时调整完善政策。

三是落实普通高中国家助学金政策。从 2010 年秋季学期起，由中央和地方财政共同安排资金设立普通高中国家助学金，资助普通高中在校生中的家庭经济困难学生，平均资助标准为每生每年 1500 元，主要用于家庭经济困难学生的学习和生活费开支。2011 年，全国共有 480 万名学生享受普通高中国家助学金。"十二五"期间，国家将不断完善这项政策，扩大普通高中资助范围。

四是完善中等职业教育国家助学金政策和免学费政策。根据国务院的部署，从 2007 年秋季学期起，由中央和地方财政共同安排资金，设立中等职业学校国家助学金，资助全日制中等职业学校在校一、二年级所有农村户籍、县镇非农户口的学生和城市家庭经济困难学生，资助标准为每生每年 1500 元，主要用于生活费开支。国家资助两年，第三年实行工学结合、顶岗实习。2011 年，全国共有 906 万名学生享受中职国家助学金。

　　经国务院批准，从 2009 年秋季学期起，对中等职业学校农村家庭经济困难学生和涉农专业学生免除学费。免学费标准为平均每生每年 2000 元，所需资金由中央和地方财政分担。从 2010 年秋季学期起，免学费政策覆盖范围扩大到城市家庭经济困难学生。2011 年，全国共有 395 万名学生享受中职免学费政策。

　　“十二五”期间，首先要推进中等职业教育免费进程。在落实现有政策的基础上，优化中等职业教育资助体系，加快中等职业教育免费进程，从 2012 年秋季学期起，将范围扩大到全日制所有农村（含县镇）学生、城市涉农专业学生和家庭经济困难学生。其次要进一步完善制度，加强监管。提高资助管理水平，完善学籍和资助信息管理系统，避免虚报冒领、骗取国家资助资金行为，确保国家资助资金安全；完善监督检查机制，明确学生资助资金的监管责任，加大违法违规行为的处罚力度。

　　五是进一步健全高校家庭经济困难学生资助体系。目前，我国在高等教育阶段建立了以国家奖助学金、国家助学贷款、学费补偿代偿、校内奖助学金、校内无息借款、勤工助学、特殊困难补助、减免学费、"绿色通道"为主要内容的多元资助体系。"十二五"期间，将进一步建立健全高校家庭经济困难学生资助体系，全面落实各项资助措施。一要完善研究生奖助政策体系。按照《教育规划纲要》要求，积极稳妥推进研究生投入机制改革，建立健全奖励资助体系，为研究生安心学习、潜心研究提供必要的条件。二要建立健全国家奖助学金标准动态调整机制。根据国家经济社会发展水平和财力状况，参考物价水平，适时调整资助标准，扩大资助范围，确保家庭经济困难学生的基本生活需要。三要完善国家助学贷款工作机制。协调相关部门继续落实国家助学贷款政策，满足申请贷款学生实际需求；完善申贷学生资格认定标准及程序，确保国家助学贷款落实到困难学生身上；建立健全贷款违约预警机制和违约还款催收机制，加强贷后管理，有效控制贷款风险。四要加强学生资助机构和队伍建设。推动各地从实际出发，建立健全学生资助管理机构，重点抓好地市、县级教育部门学生资助中心建设，继续做好各级资助管理干部培训，不断加强督查指导和考核评估。五要强化资助资金监管。建立健全学籍和资助信息管理系统，建立健全监督检查机制，加大对违纪、违规、违法行为的处罚力度。

第七部分 提高人才培养质量

50. "十二五"期间提高人才培养质量有什么具体措施？

提高质量是教育改革发展的核心任务。"十二五"期间，要着力从以下三方面提高人才培养质量：

一是建立教育质量评价体系。评价制度是教育教学的指挥棒，要树立科学的教育质量观，把促进人的全面发展、适应社会需要作为衡量教育质量的根本标准，形成科学的教育质量评价办法和评价指标体系，通过抓导向、抓评估提高人才培养质量。

二是加快人才培养模式改革。人才培养体制改革是教育体制改革的核心。要深化教育教学改革，坚持能力为重，加强创新意识和能力培养，注重学思结合，知行统一，因材施教，加强实践环节培养。同时，特别强调了要加快创新人才培养，提出要加强动手实践教学，加强学生创新意识和能力培养；鼓励高校、科研院所、企业联合培养拔尖创新人才，实施卓越工程师、医师、农林和法律等人才教育培养计划，拓宽创新型人才的成长途径；结合高等学校创新能力提升计划搭建协同创新平台，创新研究生培养模式。

三是加强教师队伍建设。提高人才培养质量的关键在教师。要从加强和改革教师教育、深化教师管理制度改革、鼓励优秀人才终身从教、实行教师全员培训制度等方面加强教师队伍建设，通过提高教师师德素养和教育教学能力，努力建设一支高素质专业化教师队伍来提高人才培养质量。

51. 如何理解"十二五"期间提高人才培养质量与实施素质教育的关系?

质量是教育工作的生命线,提高质量是我国教育改革发展的核心任务。实施素质教育是提高教育质量的必然要求,一定意义上说,素质教育就是高质量教育。实施素质教育的目的就是全面贯彻教育方针,全面提高教育质量。

提高教育质量、提高人才培养质量,是实现我国由教育大国向教育强国、由人力资源大国向人力资源强国转变的关键。改革开放特别是进入新世纪以来,我国教育事业快速发展。2011 年,我国小学学龄人口净入学率达到 99.79%,初中阶段毛入学率达到 100.1%,学前三年毛入园率达到 62.3%,高中阶段毛入学率达到 84%,高等教育毛入学率达到 26.9%。我国已成为世界上教育规模最大的国家,同发达国家的教育差距主要集中在教育质量上。而就满足人民群众需要而言,"有学上"的问题基本解决,但"上好学"的问题依然突出,接受良好教育成为人民群众的强烈期盼。从满足国家经济社会发展需要和人民群众接受良好教育需要出发,"十二五"期间,我们必须更进一步以提高质量为核心,坚持规模和质量的统一,着力推进教育的内涵式发展。

在强调树立以提高质量为核心的教育发展观的同时,必须强调树立科学的教育质量观,把促进人的全面发展、适应社会需要作为衡量教育质量的根本标准,使学生思想道德素质、科学文化素质和健康素质明显提高,各类人才服务国家、服务人民和参与国际竞争能力显著增强。也正是在这个意义上，《教育规划纲要》和《教育"十二五"规划》都强调把坚持以人为本、全面实施素质教育作为我国教育改革发展的战略主题，面向全体学生，为每个学生提供适合的教育，促进学生全面发展。这是关系到培养什么人、怎样培养人的重大问题。

实施素质教育，提高人才培养质量，就必须从实际出发，把握当前教育教学改革的重点要求。要坚持德育为先，把社会主义核心价值体系融入国民教育全过程，加强马克思主义中国化最新成果教育，加强理想信念教育和道德教育，加强以爱国主义为核心的民族精神和以改革创新为核心的时代精神教育，加强社会主义荣辱观教育。要坚持能力为重，优化知识结构，丰富社会实践，强化能力培养，着力提高学生的学习能力、实践能力、创新能力。要坚持全面发展，全面加强和改进德育、智育、体育、美育，提高学生综合素质，着力提高学生服务国家服务人民的社会责任感、勇于探索的创新精神和善于解决问题的实践能力，使学生成为德智体美全面发展的社会主义建设者和接班人。

实施素质教育，提高人才培养质量，就必须从实际出发，大力改革人才培养模式。要注重学思结合，激发学生的好奇心，培养学生的兴趣爱好，注重培育学生的主动精神和创造性思维。要注重知行统一，坚持教育教学与生产劳动、社会实践相结合。要注重因材施教，关注学生不同特点和个性差异，发展每一个学生的优势潜能。要注重系统培养，推进小学、中学、大学有机衔接，学校、家庭、社会密切配合，加强学校之间、校企之间、学校与科研机构之间合作以及中外合作。最重要的就是要坚持以学生为主体，以教师为主导，更加发挥学生的主动性，更加弘扬学生的主动精神，更加尊重教育规律、教学规律和人才成长规律，为每个学生提供适合的教育，促进每个学生主动地、生动活泼地发展。

52. 如何理解提高人才质量的总体目标？

《教育"十二五"规划》提出了提高人才质量的总体目标，即"到2015年基本建立科学的质量评价体系和有效的质量保障体系，青少年学生身心健康水平进一步提高，学习能力、实践能力、创新能力显著增强"。这一总体目标可以从以下两个方面来理解。

首先，建立科学的质量评价体系和有效的质量保障体系，是推进我国教育改革和发展的核心要素。目前，我国已经实现了从人口大国向人力资源大国的转变，但是同人力资源强国相比，我国的教育质量和人才培养水平还不高，学生的创新精神和实践能力还不强。全面提高教育质量，培养更多更好的创新人才，是我国今后建设人力资源强国的迫切任务，同时也是我国教育改革的关键环节。这就要求我们必须树立以提高质量为核心的教育发展观，坚持规模和质量的统一，注重教育内涵发展。这就要求我们把促进人的全面发展、适应社会需要作为衡量教育质量的根本标准，鼓励学校办出特色、办出水平和出名师、育英才。要把教育资源配置和学校工作重点集中到强化教学环节、提高教育质量上来，建立以提高教育质量为导向的管理制度和工作机制，制定教育质量国家标准，建立健全教育质量保障体系。

其次，必须进一步提高青少年学生的身心健康水平，显著增强他们的学习能力、实践能力和创新能力。坚持以人为本、全面实施素质教育是教育改革和发展的战略主题，是贯彻党的教育方针的时代要求，核心是解决好培养什么人、怎样培养人的重大问题，重点是面向全体学生、促进学生全面发展，着力提高学生服务国家服务人民的社会责任感、勇于探索的创新精神和善于解决问题的实践能力。其中，学生的身体和心理健康是其全面发展的重要基础和基本保障，但是长期以来，因为课业负担过重等种种原因，青少年学生的身体素质和心理健康显现出了一些令社会关注的问题。因此，提高学生的身心健康水平是目前教育工作急需解决的一个问题。《教育"十二五"规划》针对此问题提出了若干措施，包括广泛深入开展全国亿万学生阳光体育运动、组织实施体育艺术"2＋1"项目、建立学校公共卫生工作网络等多种举措。同时，人的全面发展还要求能力发展与知识发展并重。推进素质教育，培养全面发展的优秀人才和杰出人才，关键要深化课程和教学改革，创新教学观念、教学内容、教学方法，着力提高学生的学习能力、实践能力、创新能力。这就需要改革教学方式方法，注重启发式、探究式、讨论式、参与式教学。教育不仅要传授知识，更重要的是启发思维，培养学习思考能力。要鼓励学生独立思考、自由表达，增强他们的自信心，保护和激发他们的想象力、创造力。要注重学思结合，知行并重，让学生不仅学到知识，还要学会动手，学会动脑，学会做事，学会生存，学会与别人共同生活。

53. 如何建立科学的教育质量评价办法？

《教育"十二五"规划》中明确提出要形成科学的教

育质量评价办法，并从评价指标、评价机制、评价主体和评估形式等方面指明了科学评价的方向。建立科学的教育质量评价办法，需要从以下几个方面入手。

第一，评价指标要科学、全面和有针对性。首先，评价指标体系的设计要符合不同层级教育的目的和特点。教育指标体系的设计不能一刀切，而要根据不同层级、不同专业、不同地域的教育特点开发有针对性的评价指标体系。其次，评价指标体系要包括结构性评价、过程性评价和结果性评价等不同类型的指标体系，要体现学生作为质量主体的特点，把学生的发展作为评价的核心。最后，从评价指标的性质上看，要协调好保障性的投入指标与结果性的产出指标之间的关系。保障性的投入指标主要指教育教学的外部条件，包括师资、生师比、班级规模、教学环境、师生关系、教育内容等。结果性的产出指标主要是教育教学的成果，其中最根本的是对学生的学习结果进行评价，学习结果包括学生在知识、技能、情感、态度和价值观以及其他综合素质方面的表现。

第二，在评价机制上，正确处理好外部评价与内部评价的关系，构建一个内部质量管理与外部质量评价相结合的质量保证体系。教育质量评价的目的是促进教育的发展和质量的提高。学校的内部质量管理是达成这一目的的基础和前提，要强化学校质量主体意识，加强自我评价，不断提高学校内部质量评价的意识和能力，完善质量内控机制。外部质量评价应支持学校的内部评价，要对内部评价起到引领和咨询的作用，而不仅仅是发挥控制、问责和奖惩的功能，要坚持以外部评价促进内部评价的原则，保证学校内部质量管理机制的顺利运行。

第三，坚持评价主体的多元化。教育质量评价要以学生为中心，形成教师、家长、专家、管理部门和社会多方参与的评价体系。促使学校接受师生、政府、社会和专业机构多方面的监督，真正建立起质量激励和约束机制。在中学、高等学校中尤其要发挥教师、学生在教育质量评价中的重要作用。探索学校评价、专业评价、国际评价等多种形式的评价办法。

第四，评价方式要多样化。一是要依据不同的评价对象和要求，把定性、定量的评价方法有机结合起来。在评价活动中，处理好传统的考试、测验与"档案袋评定"、"学习日记"和"表现展示评定"等定性评价方式之间的关系。二是把自评、互评、他评相结合，建立立体、多层面、多方位的评价方式。

54. 当前高校面临的德育和思想政治教育工作的挑战有哪些？

当前，高校面临的德育和思想政治教育工作的挑战主要来自四方面：

一是国际国内形势新变化。当今世界正处在大发展大变革大调整时期，中国在世界上的地位、中国发展对世界的影响更加凸显，所承载的国际期待、国际责任有所加重。中国发展道路和发展模式取得的显著成就为大学生思想政治教育提供了鲜活素材，这是开展爱国主义教育和中国特色社会主义理想信念教育的有利时机。同时，我国进入改革攻坚期和社会矛盾的凸显期，利益格局深刻调整，社会热点相互叠加，社会矛盾新旧交织，易引发群体性事件等影响稳定的问题。抓住机遇、解疑释惑，深入推进大学生思想政治教育的任务更为紧迫。

二是高等教育改革不断深化发展。《教育规划纲要》提出了进入人力资源强国行列的战略目标和坚持以人为本、全面实施素质教育的战略主题。立德树人是高校的根本任务，思想政治教育是人才培养的重中之重。在高等教育大众化进一步发展、人才培养体制改革不断深化的背景下，大学生思想政治教育面临教育对象规模日益扩大、人才培养模式日益多样、教学管理方式日益灵活等多重挑战。适应改革要求创新大学生思想政治教育的任务更为紧迫。

三是大学生群体特点和个性需求更加鲜明。当代大学生是在改革开放后成长起来的，在发展社会主义市场经济和对外开放的条件下，在各种思想文化相互激荡的环境中，他们接触新事物多，信息面广，思维敏捷，受到各种思想文化的影响增多，思想和行为的独立性、选择性、多变性、差异性增强。他们对高等教育的多样化、个性化需求不断增长，对精神文化生活有着更加强烈的渴望，对自我成长成才有着更多期待。提高大学生思想政治教育时代感和针对性的任务更为紧迫。

四是新媒体技术的普及应用。网络改变了当代大学生的思维方式、沟通方式、表达方式和人际交往方式，以其资源丰富、信息即时、平台开放、空间虚拟、互动平等、状态隐秘等特点，成为大学生表达自我的重要空间。这既为开展大学生思想政治教育工作拓展了新方式，也给各种有害信息的传播提供了可乘之机。网络快捷的群际传播和社会动员能力，极易会聚发酵偶发的细小矛盾，引发群体事件。大学生群体因缺乏社会生活经验，缺少批判、鉴别能力，尚未形成完善独立的人格，极易选择逃避现实而进入虚拟网络空间，个别大学生甚至出现沉迷网络游戏的情况。有效应对新媒体发展趋势，加强网络思想政治教育的任务更为紧迫。

55. "十二五"时期如何加强学校体育工作？

一是深入推进学校体育教学改革。进一步规范办学行为，减轻学生课业负担，切实保证中小学生每天一小时校园体育活动，严禁任何人以任何理由挤占体育课和学生校园体育活动时间。幼儿园积极开展适合幼儿的体育活动，每日户外体育活动不得少于一小时。要求各地因地制宜，制订并落实义务教育阶段和高中教育阶段体育与健康课程的实施方案，鼓励在地方课程和校本课程中增加体育课时，大力开展丰富多彩的学生群众性体育活动。各级各类学校要制订和实施体育课程、大课间（课间操）和课余体育活动一体化的阳光体育运动方案，创新体育活动内容、方式和载体，增强体育活动吸引力，着力培养学生的体育爱好、运动兴趣和特长，使学生掌握科学锻炼的基础知识、基本技能、基本方法以及1—2项终身受益的体育锻炼项目，养成良好体育锻炼习惯和健康生活方式。

二是加强学校体育教师队伍建设。要多渠道配备好中小学和职业学校体育教师，统筹将新增教职工编制用于学校体育，在教师结构调整中富余的学科教师经培训合格后可转为体育教师，制订并落实配齐专职体育教师计划。鼓励退役优秀运动员按照有关规定从事学校体育工作。建立健全体育教师培养培训体系，办好高等学校体育教育专业。

逐步扩大免费师范生和贫困地区定向招生专项计划中体育教育专业招生规模，通过农村学校教师特岗计划、国培计划等方式加大体育教师的补充和培训力度，多渠道提高体育教师能力。到2015年，对中小学和职业学校体育教师进行一轮全员培训。要保障体育教师在职务评聘、福利待遇、评优表彰等方面与其他学科教师同等待遇。体育教师组织学生做操、运动训练和参加竞赛等课余体育活动以及组织学生体质健康测试等必须计算工作量。

三是加快学校体育场地设施建设。要加强学校体育场地设施建设，把学校体育设施建设和全民健身公共服务体系建设结合起来，公共体育场馆和运动设施要优先建在学校校园内或学校周边，应免费或优惠向学校和学生开放。要按照《中小学校体育设施技术规程》和《国家学校体育卫生条件试行基本标准》及相关技术规范要求建设学校体育场地设施。在农村义务教育薄弱学校改造计划、义务教育学校标准化建设等项目中加大体育设施和器材、场地所需经费投入的比例。到2015年，全国学校体育设施和器材、场地基本达到国家标准。

四是完善学生体质健康测试机制。全面实施《国家学生体质健康标准》，加强统筹，着力推进学生健康检查制度、学生体质健康监测制度和国家学生体质健康标准测试制度的配套衔接；加强管理，创造条件，保证学生体质健康测试工作的顺利开展。各学校每年对所有学生进行体质健康测试，确保测试数据的真实性、完整性和时效性，并将结果上报国家数据库；同时，要按学生年级、班级、性别等公布学生体质健康标准测试成绩，并将有关情况向学生家长通报。各级教育行政部门和学校要深入分析学生体质健康测试结果，动态把握学生体质健康发展变化趋势，有效指导学校开展体育工作。

五是强化学校体育工作督导检查。加强政府及部门管理责任和监管责任，健全目标考核和督导检查机制。国家教育督导部门将组织修订《中小学体育工作督导评估指标体系（试行）》。各级教育督导机构要研究制订和实施学校体育工作督导检查办法，建立各级学校体育工作专项督导制度，定期组织有关部门开展学校体育工作专项督导检查，坚持督政与督学相结合，要将督导评估结果及时向社会公告。

六是健全学校体育工作奖惩机制。各级政府要把学校体育工作和学生体质健康水平纳入工作考核指标体系，并作为教育等有关部门和学校领导干部业绩考核的重要内容，加强学校体育工作绩效评估和行政问责。对学校体育工作成效显著，学生体质健康状况明显改善的地方、部门、学校以及工作成绩突出的个人予以表扬。对学校体育工作不合格，以及在等级评估中弄虚作假的地区、单位和个人，在各种奖励、评优和表彰活动中实行"一票否决"。对于学生体质健康水平连续三年下降的地区和单位，予以通报批评，并追究相应责任人的责任。

56. "十二五"时期如何加强学校卫生与健康教育工作？

第一，改善学校生活卫生设施和条件，包括学校食堂、饮用水、厕所等卫生设施与条件，为学生创建一个良好、有利于身心健康的学习与生活环境。通过统筹农村中小学校舍维修改造长效机制、中西部农村初中校舍改造工程资金、农村义务教育薄弱学校改造计划等，切实改善农村学校食堂、饮用水、厕所、宿舍等生活卫生设施与条件，使学校卫生基础设施和条件的改善与办学条件的改善相适应。推动各地按照《国家学校体育卫生条件试行基本标准》、《农村寄宿制学校生活与卫生设施建设与管理规范》等文件要求，规范学校生活卫生设施的建设与管理，促进各地对未达到卫生标准（规范）的学校生活卫生设施、教学环境条件进行分期分批的改造与改善。

第二，加强学校突发公共卫生事件防控工作。根据《传染病防治法》、《食品安全法》及其实施条例、《学校卫生工作条例》等法律法规要求，开展学校突发公共卫生事件防控工作，预防控制传染病和食物中毒在学校的发生和蔓延，维护学生身体健康。一是建立健全学校传染病和食物中毒等突发公共卫生事件的监测与报告机制，完善学校突发公共卫生事件报告人制度，及时、准确了解各级各类学校食物中毒及传染病疫情的发生、发展情况，并进行统计分析，为研究制定相关政策提供依据。二是不断完善学校突发公共卫生事件预警机制。根据学校突发公共卫生事件发生规律以及卫生部开展的学校突发公共卫生事件风险评估结果，在食物中毒以及各类传染病高发季节来临之前，发布预警通知，有针对性地指导和督促各地落实各项突发公共卫生事件防控措施。三是与国家食品药品监督管理局联合全面推进学校食堂量化分级管理，推进食堂从业人员分级培训工作，提高学校食品安全管理水平，努力消除食品安全管理隐患。四是建立健全学校卫生防疫与食品安全责任制和责任追究制度，将有关职责落实情况纳入对学校的综合评估体系之中，对落实卫生安全措施不力，导致学校发生传染病流行或食物中毒事件，对学生身体健康和生命安全造成严重危害，以及在发生传染病流行或食物中毒事件后不及时报告或隐瞒不报的，追究有关人员的行政责任。五是建立学校卫生定期检查制度。通过加大督查的力度和频度，促进各地进一步落实卫生防疫与食品卫生安全工作措施，提升学校卫生防疫和食品卫生安全管理水平，达到减少及控制学校食物中毒、传染病疫情的发生，维护学生身心健康和生命安全的目的。

第三，推进农村义务教育学生营养改善工作。指导各地做好农村义务教育学生营养改善计划食品安全保障、科学营养知识教育、营养配餐、学生营养健康状况监测评估等工作，推进农村义务教育学生营养改善计划安全有效落实，不断提高农村学生营养健康水平。一是通过研究制定食品安全保障管理办法、学校食堂管理办法等食品安全管理文件，成立食品安全专家指导组，组织开展食品安全管理培训、食品安全检查和调研等，加强农村义务教育学生营养改善计划实施过程中的食品安全保障工作，预防控制食物中毒事故的发生。二是通过与卫生部联合研究制定不同类型地区学生营养膳食指南、学生营养改善监测评估办法等有关文件，成立营养专家指导组，组织开展科学营养知识宣传教育、营养计划实施工作的调研与指导、学生营养健康状况监测评估等，推动营养计划有效实施，切实改善农村义务教育学生营养健康状况。

第四，加强学校健康教育工作。推动各地落实"体育与健康"课程以及《中小学健康教育指导纲要》，提高学生健康意识，增进学生健康知识，促进学生形成健康的生活方式。

57. "十二五"时期如何加强学校艺术教育工作？

一是会同财政部、文化部组织开展高雅艺术进校园活动。通过政府购买文艺院团服务、给学生提供免费欣赏高雅艺术机会的形式，让青年学生了解我国优秀的民族艺术文化传统和人类优秀艺术成果，为弘扬民族文化、建设中华民族共有精神家园奠定基础。活动的内容包括：组织国家级艺术院团和优秀地方艺术院团赴高校为学生演出；组织全国高等学校艺术教育专家讲学团赴中西部地区高校举办艺术教育专题讲座；各省（区、市）组织高校学生乐团和地方艺术院团在本地高校、中学以及社区演出。

二是开展全国中小学生、大学生艺术展演活动。根据《学校艺术教育工作规程》（教育部令第13号）每三年各举办一次全国中小学生和大学生艺术展演活动。艺术展演活动以社会主义核心价值体系为导向，以育人为宗旨，以学校为基础，努力让更多的学生都成为艺术教育的受益者。艺术展演活动的项目包括艺术表演、艺术作品和艺术教育科研论文报告会等。

三是开展创建中华优秀文化艺术传承学校活动。通过开展创建中华优秀文化艺术传承学校活动，引领青少年学生增强民族自尊心、自信心和自豪感，培养文化自觉和文化自信，促进学生德智体美全面发展。现已确定第一批全国中小学中华优秀文化艺术传承学校449所；拟于2012年开始在全国普通高校建设100个中华优秀文化艺术传承学校基地，大力推进高校文化传承创新。

58. "十二五"时期深化基础教育改革的主要任务是什么？

基础教育课程改革在人才培养中发挥着核心作用，新世纪之初启动的本轮基础教育课程改革经历了顶层设计、实验推广、全面实施等过程，促进了先进教育理念的传播，带动了基础教育的整体变革，取得了明显成效。当前，改革进入总结经验、完善制度、突破难点、深入推进的新阶段。主要任务包括以下三项：

一是加强课程改革制度建设。进一步完善基础教育课程体系，在总结课程改革经验的基础上，完善课程设置方案，修订各学科课程标准和教材，进一步加强中小学各学段、各学科课程内容的有机衔接，加强对课程和教材实施状况的跟踪研究，逐步建立基础教育课程教材周期修订制度和重大事项咨询制度。进一步加强教材使用管理，探索建立教材选用评估制度。健全和完善考试评价制度，进一步完善综合素质评价，建立普通高中学业水平考试制度，加强对中考改革的评估和指导。研制基础教育各学科学业质量标准，开展中小学教育质量综合评价改革试验，逐步建立科学的教育质量评价体系。

二是健全课程改革推进机制。加强地方各级教育行政部门课程管理的能力建设，调动地方和学校的改革积极性，全面落实基础教育课程方案，突破选修课以及综合实践活动、技术等课程实施的薄弱环节，引导各地因地制宜地做好地方课程和学校课程的规范管理与分类指导。大力推进农村地区课程改革，加大支持和服务力度，保证农村学校开齐开足国家课程，达到国家规定的基本质量要求。重视普通高中选修课程资源建设，实施普通高中选修课精品课程建设工程。

三是建立课程改革保障体系。整体规划课程改革的目标和进程，积极协调各部门，共同研究制定深化课程改革的政策措施，统筹课程改革、教师培养培训、高校招生考试制度改革等。健全符合课程改革需要的服务支撑体系，建立激励机制，开展基础教育国家级优秀教学成果奖评选工作，大力推进教学改革，完善教研工作机制，创新教研形式，建立直接服务学校的专业支持网络，全面提升教师队伍实施新课程的能力。在地方政府的统筹领导下，加强课程改革工作的条件保障，推动课程改革向纵深发展。

59. "十二五"时期职业教育改革发展的基本思路是什么？

按照《教育规划纲要》和《教育"十二五"规划》的部署，坚持把职业教育摆在更加突出的位置，以建设现代职业教育体系为引领，以提高质量为重点，以深化产教结合、校企合作为主线，紧扣关键领域和薄弱环节，推进改革创新，强化条件保障，提升社会吸引力，推动职业教育质量结构规模效益协调发展，为经济发展方式转变和产业结构调整提供有力支撑。

一是体系建设取得实质成果。中、高等职业教育全面衔接，技能型人才成长的通道比较健全，政府主导、行业指导、企业及社会各方深度参与、公办与民办职业教育共同发展的格局初步形成，基本形成现代职业教育体系框架。

二是总体规模保持基本稳定。统筹发展职业教育与普通教育，保持中等职业教育招生规模与普通高中招生规模大体相当，高等职业教育招生规模占普通高等教育招生规模的一半左右。2015年，中、高等职业学校在校生分别达到2250万人和1390万人。

三是培养质量达到新的水平。工学结合、校企合作、顶岗实习培养模式全面实行，对接职业标准的课程教材体系基本形成，多元参与的教育质量保障体系基本建立，学生职业道德、职业技能和就业创业能力显著增强，"双证书"持有率进一步提高。

四是基础能力整体大幅提升。学校办学条件普遍得到较大改善，形成一批具有辐射功能的示范学校、特色学校，部分学校达到国际先进水平，承接现代产业体系建设的能力大幅提升。师资配置更加合理、结构更加优化，"双师型"教师比例进一步提高。

五是体制机制建设实现突破。以产教结合、校企合作和现代职业院校制度为重点的职业教育国家制度进一步健全。各级政府履行发展职业教育的职责进一步落实。国家教育体制试点工作取得重要进展。职业教育的生机与活力显著增强。

60. 加快推进世界一流大学和高水平大学建设的指导思想、建设目标和主要任务是什么？

第一，指导思想。加快世界一流大学和高水平大学建设，应按照科学发展观的要求，创新机制、突出改革、注重质量、加快建设。紧密结合国家人才战略的实施，加快造就学术领军人物和创新团队的建设；紧密结合创新型国家的建设，加快提升高水平大学的自主创新能力和加大拔尖创新人才培养的力度；紧密结合"走出去"战略的实施，迅速提高高水平大学的国际竞争力；实现高等学校管理体制和运行机制改革新的突破，进一步集中资源、发挥优势，走出我国高水平大学建设之路。

第二，建设目标。通过持续重点支持，加快推进世界一流大学和高水平大学建设。力争在2020年前后，形成一批达到国际先进水平的学科，使若干所大学跻身世界一流大学行列；使一批学校整体水平和国际影响力跃上一个新台阶，成为国际知名的高水平研究型大学；使一批学校成为特色鲜明的高水平研究型大学。重点建设学校的整体水平、综合实力、自主创新能力进一步提高，国际竞争力显著提升，在造就学术领军人物和集聚创新团队、培养拔尖创新人才、创新机制体制等方面取得突破。为建设创新型国家、实现从人力资源大国向人力资源强国转变作出更大贡献。

第三，主要任务。实现学科建设新的突破，加快建成一批达到国际先进水平的学科。改革培养模式，进行拔尖创新人才培养的改革试点。充分利用当前机遇，加快引进和造就学术领军人物和创新团队，加强与国家科技发展的衔接，加快提升自主创新和社会服务能力。加大对外开放和开展高水平国际交流与合作的力度。

61. 高等学校创新能力提升计划（"2011计划"）提出的背景是什么？如何组织实施？

创新能力不足既是我国教育、科技与世界发达国家的主要差距，也是制约我国经济社会发展的薄弱环节。长期以来我国创新力量自成体系、分散重复、效率不高，人才培养、科学研究与经济社会发展相互脱节，迫切需要突破自主创新的体制机制性障碍，推动社会创新力量的协同共进，从而实现国家创新能力和竞争实力的根本提升。

高校拥有天然的多学科优势、丰富的人才资源以及多功能特性，作为科技第一生产力和人才第一资源的重要结合点，在国家创新发展中具有十分重要的地位和独特的作用。依托高校的优势学科群，与科研院所、行业企业、地方政府以及国际社会等建立深度合作，形成协同创新的有机整体，解决国家重大需求和重大科学问题，是提升国家创新能力的有效途径。

2011年4月24日，胡锦涛总书记在清华大学百年校庆大会上发表了重要讲话，明确提出"要积极推动协同创新，通过体制机制创新和政策项目引导，鼓励高校同科研机构、企业开展深度合作，建立协同创新的战略联盟，促进资源共享，联合开展重大科研项目攻关，在关键领域取得实质性成果"。为了贯彻落实胡锦涛总书记的讲话精神，2012年3月22日，在全面提高高等教育质量工作会上，教育部、财政部联合下发了《关于实施高等学校创新能力提升计划的意见》。

"2011计划"的总体思路是面向需求、推动改革、探索模式、提升能力，可简要归纳为"1148"，即一个根本出发点、一项核心任务、四类协同创新模式和八个方面的机制体制改革。一是以"国家急需、世界一流"为根本出发点。旨在引导高校围绕国家急需的战略性问题、科学技术尖端领域的前瞻性问题和涉及国计民生的重大公益性问题，集聚一流的创新团队，形成一流的创新氛围，巩固一流的创新成果，培养一流的创新人才。二是以人才、学科、科研三位一体创新能力提升为核心任务。其中人才是根本，学科是基础，科研是支撑。三是以协同创新中心为载体，构建四类协同创新模式。探索建立面向科学前沿、文化传承、行业产业以及区域发展创新重大需求的四类协同创新模式，形成一批"2011协同创新中心"作为主要载体。四是以创新发展方式转变为主线，深化高校的机制体制改革。通过开展高校协同创新组织管理、人事制度、人才培养、人员考评、科研模式、资源配置方式、国际合作以及创新文化建设等八个方面的改革，实现高校创新发展方式的根本转变。

"2011计划"在组织实施方面主要体现以下四个特点：一是坚持全面开放的原则。广泛会聚科研院所、行业企业、地方政府以及国际社会的创新力量，组建协同创新体，构建协同创新的战略联盟，解决国家经济和社会发展的重大问题。二是坚持引导与支持并重的实施方式。充分发挥行业产业部门的主导作用，利用现有资源与条件，引导和组织相关高校与行业院所、大型骨干企业开展协同研究。在此基础上，按照培育组建、评审认定、绩效评价的程序，国家每年按照一定数量择优遴选出一批"2011协同创新中心"给予支持。三是坚持客观公正的评审机制。坚持"高起点、高水准、有特色"，委托第三方机构组织专家评审、开展定期检查和阶段性评估等，减少行政干预。四是坚持多元化的支持方式。发挥协同创新的引导和聚集作用，充分利用现有资源和条件，积极吸纳国家、地方、行业、企业以及社会多方的支持与投入。

"2011 计划"提出的协同创新中心，主要具有以下特点：一是动态。与现有的以学科为基础的研究基地不同，协同创新中心是以需求为导向、以任务为牵引的研究模式。二是多元。有别于现有的各类实验室、研究中心、创新平台等基地的组织管理方式。三是融合。充分发挥协同创新中心的引导和聚集作用，利用现有资源和条件，吸纳社会多方面的支持和投入。四是持续。机制体制改革是协同创新中心的重点任务，通过推动八个方面的改革，为协同创新中心的可持续发展提供支撑与保障。

62. 研究生教育创新计划的主要目标和内容是什么？

第一，主要目标。研究生教育创新计划，是研究生教育贯彻落实《教育规划纲要》、加快提高研究生培养质量的重要举措。目前，我国已经成为研究生教育大国，必须以质量为核心，深化培养机制改革，推动教育观念转变，促进优质资源共享，大力提高研究生创新能力，全面提高研究生培养质量。

第二，主要内容。一是博士研究生学术新人奖。为鼓励和支持博士研究生开展高水平创新性研究工作，促进我国博士研究生培养质量不断提高，2010 年设立博士研究生学术新人奖。博士研究生学术新人奖评选以"培育学术新人，激励创新发展"为宗旨，面向国内博士学位授予单位全日制在学博士研究生，每年评选一次，评选人数为当年全国博士研究生招收总数的 5% 左右，一次性资助获奖博士研究生 3 万元/人。有关博士学位授予单位根据分配名额，自行组织，结果报教育部、国务院学位委员会审批公布。2010 年经 43 个培养单位试点评选，批准 695 人为 2010 年度博士研究生学术新人奖获得者，2011 年评选批准 690 人。二是全国研究生学术交流平台。为了充分发挥不同高校的学科优势，共享优质教育资源，拓展研究生学术空间，营造研究生创新氛围，2010 年设立全国研究生学术交流平台，支持并资助研究生参加学术交流。学术交流平台包括全国博士生学术论坛和全国研究生暑期学校两种形式，依托高水平大学及其国家重点学科、国家重点实验室，分学科领域举办，原则上每个一级学科每年各举办一次。2010 年举办 3 个全国博士生学术论坛和 21 个全国研究生暑期学校；2011 年举办 49 个全国博士生学术论坛和 56 个全国研究生暑期学校。三是全国优秀博士学位论文。为加强高层次创造性人才的培养工作，鼓励创新精神，提高我国研究生教育特别是博士生教育的质量，1999 年教育部和国务院学位委员会启动了全国优秀博士学位论文评选工作。全国优秀博士学位论文每年评选一次，每次不超过 100 篇。2010 年经学位授予单位推荐，省级初选，通信评议和专家复审，共评选出全国优秀博士学位论文 100 篇、提名论文 334 篇。2011 年共评出全国优秀博士学位论文 98 篇、提名论文 257 篇。四是专业学位研究生教育综合改革试点。为进一步推进研究生教育改革与发展，建立和完善具有中国特色的专业学位研究生教育制度，2010 年，经单位申报、专家评审，批准北京大学等 64 所高校开展专业学位研究生教育综合改革试点工作，鼓励各培养单位积极探索和创新符合专业学位研究生教育特点、具有鲜明特色的专业学位研究生培养模式和管理体制。

63. 如何在人才培养中落实"三个结合"?

《教育"十二五"规划》对推动素质教育和创新人才培养提出了"三个结合",即"改革人才培养模式,将文化知识学习和思想品德修养、全面发展和个性发展、创新思维和社会实践紧密结合",这是对我国人才培养模式改革的总体要求。在人才培养中落实"三个结合",可以从以下三个方面着手。

第一,将文化知识学习和思想品德修养紧密结合,是贯彻教育改革发展的战略主题,解决好培养什么人、怎样培养人的关键。《教育规划纲要》提出要"立德树人,把社会主义核心价值体系融入国民教育全过程"。只有树立崇高理想和远大志向,从小打牢思想道德基础,学习才有动力,前进才有方向,成才才有保障。要把德育渗透到教育教学的各个环节,构建大中小幼有效衔接的德育体系,创新德育形式,丰富德育内容,不断提高德育工作的吸引力和感染力,增强德育工作的针对性和实效性,营造有利于学生健康成长的社会环境,帮助学生树立正确的人生观、价值观,确立崇高的人生目标和高尚的道德情操,增强服务国家服务人民的责任感。

第二,将全面发展和个性发展紧密结合。提高人才培养水平,关键是更新教育观念,核心是改革人才培养体制。要树立人人成才观念,面向全体学生,促进学生成长成才。树立多样化人才观念,尊重个人选择,鼓励个性发展,不拘一格培养人才。尊重教育规律和学生身心发展规律,为多样化、个性化、创新型人才成长提供良好环境和机制。关注学生不同特点和个性差异,发展每一个学生的优势潜能。注重学思结合、知行统一、因材施教，推广启发式、探究式、讨论式、参与式教学，营造独立思考、自由探索、勇于创新的良好环境，帮助学生学会学习，激发学生的好奇心，培养学生的兴趣爱好和学习思考能力。推进分层教学、走班制、学分制、导师制等教学管理制度改革，建立学习困难学生的帮助机制，改进优异学生培养方式。建立科学的教育质量评价体系，落实教学改革各项重大举措，切实减轻学生课业负担，注重培养学生应对变化、把握机会和解决问题的能力，提高学生身心健康水平。

第三，将创新思维和社会实践紧密结合。加强动手实践教学，增加学生参加生产劳动、社会实践和创新活动的机会，培养其勇于探索的创新精神，提高其善于解决问题的实践能力。拓宽创新型人才的成长路径，开展优异学生培养方式试验，推动普通高中多样化特色发展，探索建立高中学生大学先修制度，鼓励多方参与联合培养拔尖创新人才。加快研究生培养机制改革，继续实施研究生教育创新计划，强化和完善学术研究与实践创新的导师负责制。推行产学研联合培养，突出培养创新型科技人才。支持部分高等学校探索建立科学基础、实践能力和人文素养融合发展的培养模式，推进高水平大学基础学科拔尖学生培养实验。

只有在人才培养中切实落实"三个结合"，才能真正提高人才培养质量，形成各类人才辈出、拔尖创新人才不断涌现的局面。

64. 如何拓宽创新人才培养途径？

《教育"十二五"规划》把培养创新人才作为教育改

革发展的重要任务。改革开放以来，我国对创新人才培养的探索一直在进行。但相对来讲，我国现有创新人才培养途径和模式还比较单一，不能很好适应转变经济发展方式、促进经济社会发展和建设创新型国家的需要。创新人才的培养，必须进一步树立以人才培养为中心的理念，把人才培养质量作为衡量办学水平的最主要标准，进一步树立以适应社会需要为检验标准的理念，把社会评价作为衡量人才培养质量的一个重要指标；树立系统培养观念，推进小学、中学、大学有机衔接，教学、科研、实践紧密结合，学校、家庭、社会密切配合，加强学校之间、校企之间、学校与科研机构之间合作以及中外合作等多种联合培养方式，形成体系开放、机制灵活、渠道互通、选择多样的人才培养体制。"十二五"期间，主要通过以下举措拓宽创新人才培养途径。

第一，改革人才培养模式，探索多样化人才培养途径。形成创新人才层出不穷的局面，根本上要靠体制机制改革，逐步探索形成科学基础、实践能力和人文素养融合发展的适应创新人才培养需要的体制机制，探索多种创新人才培养模式。推动高中多样化发展，鼓励地方和学校创建有特色的地方课程和校本课程，增加选修课，提高课程的多样性和选择性，满足学生不同的发展需要。实施拔尖创新人才培养基地建设项目，建立普通高中与高等学校、科研院所密切合作机制。按照培养造就新知识的创造者、新技术的发明者、新学科的创建者的要求，深入研究拔尖创新人才的特征和成长规律，有效识别具有创新潜质的学生。针对拔尖创新人才培养能力较为薄弱、应用学科专业发展与行业产业需求之间存在明显差距的问题，实施基础学科拔尖学生培养试验计划和卓越工程师、医生、农林和法律等人才教育培养计划，探索拔尖创新人才及应用型、复合型、技能型人才培养新模式。鼓励高校探索与有关部门、行业企业、科研院所以及用人单位联合培养人才新模式。

第二，强化实践育人环节，加强中小学社会实践基地和大学生实习实践基地的建设。实践育人是创新人才培养必不可少的环节。指导中小学开展丰富多彩的校园文化和社会实践活动。鼓励地方各种类型社会资源向中小学开放。通过校企合作，建设校内实验教学中心，还可以通过合作培养、合作科研，在企业建立实践基地。加强毕业生就业指导，强化与用人单位的联系，完善学生实习的网络。积极争取政府机关、企事业单位和社会团体的支持，拓宽社会实践领域。加强实践教学共享平台的建设，通过校所合作、校企联合、学校引进等方式，重点建设一批国家级的实验教学示范中心、大学生校外实践教育基地和一批高职实训基地，依托高新技术产业开发区、大学科技园等，设立学生科技创业实习基地。实践育人是全社会的共同责任，要以法律法规及税收优惠政策等，明确责任，调动各方积极性。

第三，实施研究生教育创新计划，大力推进研究生培养模式与机制改革。着眼于研究解决研究生创新和实践能力不强问题，进一步强化和完善学术研究与实践创新的导师负责制，建立以科学与工程技术研究为主导的导师项目资助制。加强专业学位建设，分类推进学术学位研究生和专业学位研究生培养模式改革，学术学位研究生以提高学术创新能力为目标，专业学位研究生以提高职业能力为导向。推行产学研联合培养的"双导师制"，突出培养创新型科技人才。继续深入推进高等学校与科研机构开展联合培养研究生试点工作，促进高校与科研院所科教资源共享，充分利用双方优质教育和科技资源优势，在培养高层次拔尖创新人才方面争取新的突破。健全研究生分流和淘汰制度。建立研究生培养质量追踪和评价机制，加强社会评价。

65. 为什么要建立教育质量保障体系？

国家教育质量保障体系是以促进学生全面发展的教育质量观为基础，以实现国家教育发展战略目标为依据，以一系列标准的认证、评估、监测、监督等技术为手段来全面保障教育质量的持续发展的组织、系统与问责过程。国家教育质量保障体系的运行和实践，主要由以质量标准为核心的组织、职责、制度、经费、队伍、技术等要素来驱动。建立健全以各级教育质量评价的国家标准为核心的有效的保障体系，是"十二五"时期教育改革发展的一项重要任务。《教育规划纲要》提出要"制定教育质量国家标准，建立教育质量保障体系"。《教育"十二五"规划》也同样明确提出了"到2015年基本建立科学的质量评价体系和有效的质量保障体系"的目标。

从制定教育质量国家标准的导向出发，"十二五"期间建立和加强国家层面教育质量保障体系的必要性体现在以下三个方面：

第一，建立健全教育质量保障体系是标准导向政策改革的发展趋势。教育质量是贯彻国家教育发展战略目标的结果体现，反映促进人的全面发展和满足社会需要的程度。

它决定了学生学习收获的多少和学生在社会发展过程中发挥积极作用的大小，也影响社会经济的增长和个人的生活。关注教育质量是世界教育发展的永恒话题。但处于不同发展阶段的国家对教育质量关注的重点不同，采取的提高教育质量的方式也不同。当前，国际范围内教育质量保障领域政策改革的发展趋势表现为：以学生为中心，注重质量监控全过程；以结果为导向，着重以保障作为支撑质量提升的具体措施；重视测评结果的诊断性和国际可比性等。以标准驱动国家及地方教育质量提高是当前国际上对教育质量保障的共同认识。这些政策取向的根本目的，就在于通过制定高标准、实施绩效问责制、运用评估手段等来促进和保障教育质量的全面提高。

第二，建立教育质量保障体系是贯彻国家教育发展战略目标的结果体现。加强教育质量保障机构与制度建设，推动教育质量的提高，已成为贯彻当前国家教育发展战略目标及我国教育改革政策的重要指向标。《教育规划纲要》指出"把提高质量作为教育改革发展的核心任务。树立科学的教育质量观，把促进人的全面发展、适应社会需要作为衡量教育质量的根本标准"，并提出了建立各级各类教育质量保障体系的要求。《教育"十二五"规划》则具体提出，加强评估机构与队伍建设、建立具有独立法人资格的专业认证机构、建立教育质量年度报告发布制度、加大教育质量投入等，是落实强化国家教育质量保障、贯彻国家教育发展目标的具体体现。

第三，建立教育质量保障体系是促进和全面提升国家教育质量的根本途径。以标准为核心建立国家教育质量保障体系是我国教育改革发展的时代要求。改革开放以来，我国教育取得了辉煌成就，实现了从人口大国向人力资源大国的转变，目前正处于从人力资源大国向人力资源强国迈进的阶段。当前国家发展、国际竞争、人民期盼都对提高教育质量提出了迫切要求。近年来，教育质量在思想认识上得到高度重视，但在实践中，标准不完善、监测不到位，特别是国家质量保障体系的不健全，始终是影响教育质量提升的主要因素。在实际工作中，对于如何判断全国、区域、学校乃至个人的教育质量，如何认证、监测、评估、问责及改革等，还缺乏统一的认识和行动。与世界发达国家相比、与建设人力资源强国的要求相比，存在明显差距。为此，我国迫切需要建立和完善以制定国家标准为先导的质量保障体系，如建立专门机构和队伍，加大标准研制力度，以建立教育质量监测体系为重点，以制定教育质量公告制度为抓手，以国家教育质量信息系统为平台，建立国家教育质量数据库，构建国家信息数据分析机构等，逐步形成教育质量保障的科学高效运转系统，有力促进以学生为中心的国家教育质量的全面提升。

66. "十二五"时期如何推进高校教学评估？

"十二五"期间，本科教学评估工作主要围绕贯彻落实《教育规划纲要》、实施《教育部关于普通高等学校本科教学评估工作的意见》（教高〔2011〕9号）展开，目标是建立健全以学校自我评估为基础，以院校评估、专业认证及评估、国际评估和教学基本状态数据常态监测为主要内容，政府、学校、专门机构和社会多元评价相结合，与中国特色现代高等教育体系相适应的教学评估制度。

一是全面开展学校自我评估。高等学校应建立本科教学自我评估制度，根据学校确定的人才培养目标，围绕教学条件、教学过程、教学效果进行评估，包括院系评估、学科专业评估、课程评估等多项内容。应特别注重教师和学生对教学工作的评价，注重学生学习效果和教学资源使用效率的评价，注重用人单位对人才培养质量的评价。要建立有效的校内教学质量监测和调控机制，建立健全学校本科教学质量保障体系。学校在自我评估基础上形成本科教学年度质量报告，并向社会公布。

二是建立并形成教学基本状态数据常态监测。高等学校要充分利用信息技术，采集反映教学状态的基本数据，建立高等学校本科教学基本状态数据库。国家建立全国高等学校本科教学基本状态数据库，充分发挥状态数据在政府监控高等教育质量、社会监督高等学校人才培养和本科教学评估工作中的重要作用。

三是实行分类的院校评估。院校评估包括合格评估和审核评估。合格评估的对象是2000年以来未参加过院校评估的新建本科学校，审核评估的对象是参加过院校评估并获得通过的普通本科学校。

合格评估的重点是考察学校基本办学条件、基本教学管理和基本教学质量，学校服务地方经济社会发展的能力和应用型人才培养的能力，学校教学改革和内部质量保障体系建设与运行的情况。评估结论分为"通过"、"暂缓通过"和"不通过"三种。

审核评估重点考察学校办学条件、本科教学质量与办学定位、人才培养目标的符合程度，学校内部质量保障体系建设及运行状况，学校深化本科教学改革的措施及成效。审核评估形成写实性报告，不分等级，周期为 5 年。

四是开展专业认证及评估。在工程、医学等领域积极推进与国际标准实质等效的专业认证。要与行业共同制定认证标准，共同实施认证过程，体现行业需求，强化实践教学环节，并取得业界认可。鼓励专门机构和社会中介机构对高等学校进行专业评估。

五是探索国际评估。鼓励有条件的高等学校聘请相应学科专业领域的国际高水平专家学者开展本校学科专业的国际评估。探索与国际高水平教育评估机构合作，积极进行评估工作的国际交流，提高评估工作水平。

六是完善中央和省级政府两级分工明确、各负其责的本科教学评估工作制度。教育部制定评估工作方针政策、教学质量基本标准，统筹、指导和监督评估工作。省级教育行政部门依据国家有关规定和要求，结合本地区高等教育发展需要，制定本地区所属高等学校本科教学评估规划，组织实施本地区所属高等学校的审核评估工作，推动学校落实评估整改工作。

建立与"管办评分离"相适应的评估工作组织体系，充分发挥第三方评估的作用，由具备条件的教育评估机构实施相关评估工作。教育评估机构要加强自身专业化和规范化建设，加强评估专家队伍建设，严格评估过程组织，制定科学的评估方式方法。

第八部分 促进区域、城乡教育协调发展

67. 如何理解教育服务国家区域发展战略的重要意义？

促进区域经济协调发展是"十二五"时期的重要战略任务，是全面建设小康社会的重点和难点。《国家"十二五"规划纲要》将区域发展战略放在突出位置，提出推进新一轮西部大开发、全面振兴东北地区等老工业基地、大力促进中部地区崛起、支持东部地区率先发展的区域发展总体战略。教育是区域发展战略的重要内容，也是促进区域经济社会协调发展的前提和基础。服务国家区域发展战略，促进区域教育协调发展，具有重要意义。

一是有利于推进区域经济社会协调发展。21世纪以来，随着西部大开发、振兴东北地区等老工业基地、促进中部地区崛起战略的实施，我国初步形成了分工合理、特色明显、优势互补的区域产业结构。但同时，从总体上来看，当前我国不同区域之间经济社会发展还很不均衡，中西部地区远远落后于东部发达地区。造成区域发展不均衡的原因有多种，如区位、自然条件、地理环境等方面的客观因素，但制约中西部地区经济社会发展的最主要因素还是教育发展水平和人力资源开发水平的滞后。加快区域教育发展，加快培养当地产业发展急需的专门人才，为区域经济社会发展提供人力资源支撑，有利于促进区域经济增长和产业升级优化，提升区域经济的核心竞争力，进而缩小区

域差距，扭转区域经济社会发展差距扩大的趋势，增强发展的协调性。

二是有利于提高教育政策的针对性和有效性。我国幅员辽阔，不同区域经济社会发展基础不同，发展的方向和任务也不尽相同。针对不同区域的经济社会发展的特点和教育发展水平，围绕区域发展的重点产业和特色优势产业，科学规划区域教育发展，调整区域教育布局结构、层次结构和人才培养结构，提出有针对性的、差别化的支持政策和对策举措，有利于将各区域的比较优势内化为推动区域经济发展的根本动力，促进区域合理分工，形成各自的比较优势、后发优势。

三是有利于推进区域教育协调发展，促进教育公平。《教育规划纲要》明确提出加快缩小城乡差距，努力缩小区域差距。当前，尽管我国教育事业整体发展取得了显著成就，但不同地区教育发展水平仍很不平衡，东中西部之间教育发展差距还有逐步拉大的趋势。加快区域教育发展，加大公共教育资源对中西部地区倾斜支持的力度，有利于促进中西部农村地区、边境地区、贫困地区、民族地区跨越发展，形成东中西教育协调发展的局面，促进教育公平。同时，完善基本公共教育服务体系，也有利于保障和改善民生。

"十二五"期间，要服务国家区域发展战略，推进教育发展战略与区域发展、城镇化发展战略的紧密协同，着力增强教育对区域经济社会发展的支撑能力。

68. 为什么要对主体功能区实行差别化教育政策？

主体功能区战略是"十二五"时期我国区域经济社会

发展的重大战略。根据不同区域的资源环境承载能力、现有开发强度和发展潜力，确定不同区域的主体功能，明确开发方向，是优化国土开发格局，形成人口、经济、资源环境相协调的国土空间开发格局的必然要求。

主体功能区是教育空间布局规划的基本依据。教育要服务主体功能区发展战略，就必须根据不同主体功能区的定位和特点，实行差别化的教育政策。基于不同区域的资源环境承载能力、现有开发强度和未来发展潜力，以及是否适宜或如何进行大规模高强度工业化城镇化开发，全国主体功能区规划将我国国土划分为四类主体功能区，这四类主体功能区的主体功能不同，开发方式不同，保护内容不同，发展首要任务不同。根据不同区域功能的不同定位，相应的教育政策也要有一定的针对性。对优化开发区域和重点开发区域，要加快发展高等教育和职业教育，加快培养区域经济社会发展急需的人才，提高其为产业经济发展服务的能力。对限制开发区域，即农产品主产区和重点生态功能区，要加大财政转移支付力度，提供均等化的基本公共教育服务。对禁止开发区域，要积极探索实行财政全额承担基本公共教育服务的机制，大力发展职业教育与劳动力转移培训。此外，对集中连片特困地区，要实施教育扶贫工程，提高人民群众脱贫致富能力。

69. 中西部高等教育振兴计划的主要目标和内容是什么？

《教育"十二五"规划》提出，实施中西部高等教育振兴计划，力争在中西部形成一批有特色、水平高、贡献大的高等学校，更好地为区域经济社会发展服务。

中西部高等教育振兴计划将从政策扶持、加大投入、人才引进、加强管理等各方面支持中西部高等教育发展，全面推动中西部高等学校在人才培养、科学研究、社会服务、文化传承创新各方面办出优势，办出特色。计划的实施范围为中西部23个省、自治区、直辖市和新疆生产建设兵团。

"十二五"期间，将进一步整合衔接已实施的对口支援西部高校计划、支援中西部地区招生协作计划，以及今后出台的相关政策、实施的相关项目，加大对中西部高等教育的支持力度，促进中西部高等教育办学水平的整体提升。国家将投入专项资金支持中西部高等教育振兴计划。"十二五"期间将实施"中西部高等学校基础能力建设工程"，投入100亿元左右支持100所中西部地方本科高校加强实验室及图书馆等学校基本条件建设。

70. 如何大力推进少数民族双语教学？

我国是一个统一的多民族国家，除汉族外，已确定民族成分的有55个少数民族，除满族和回族已经通用汉语外，其他53个民族都有自己的语言，有些民族内部不同支系还使用着不同的语言。有20余个民族有与自己的语言相一致的文字，有的民族与国外同一民族使用相同的语言和文字。

新中国成立以来，国家为保证各少数民族使用和发展本民族语言文字的权利，支持民族自治地方因地制宜，在中小学采用民族语和汉语进行双语教学，目前，全国接受双语教育的少数民族学生达400余万人。在民族院校和民族自治地方部分中、高等学校也开展双语教学。为加强民族文字教材编译、审定、出版和发行工作，以保证民族语文教育教学的顺利进行，中央和地方各级政府从人、财、物方面对民族文字教材的编译、审定和出版给予了大力支持。在有关省、自治区建立健全民族文字教材编译出版机构的基础上，由教育部牵头成立了内蒙古、新疆等八省区蒙古文教材，吉林等东北三省朝鲜文教材，西藏、青海等五省区藏文教材三个跨省区的协作机构，以及全国蒙古文、朝鲜文、藏文三个教材审查委员会，负责上述几种民族文字教材的审定。国家设立了民族文字教材编译和审查专项补助经费，对民族文字教材出版的亏损，国家也出台了特殊的补贴政策。各少数民族文字教材编译机构，每年编译出版教材3500余种，出版发行1亿多册，基本保证了教学需求。

"十二五"期间，将继续从少数民族和民族地区的实际出发，尊重差异性，把握规律性，保持民族性，体现时代性，科学稳妥地推进双语教育。以培养适应社会发展的双语兼通人才为基本目标，建立健全从学前到中小学教育相衔接，教学模式与学生学习能力相适应，师资队伍、教学资源满足教学需要的双语教学体系。各级政府要加大对双语教育工作的支持力度。国家对双语教学的师资培养培训、教学研究、教材开发和出版给予支持。完善政策措施，为接受双语教育的少数民族学生升学、考试、就业提供条件保障。组织实施不同层次、不同范围、多种模式的双语教学实验。鼓励民族地区汉族师生学习少数民族语言文字和各少数民族师生之间相互学习语言文字。建立双语教育督导评估和质量监测机制。

71. 如何加快民族地区的人才培养？

党和国家历来高度重视少数民族人才培养工作，改革开放以来，制定了一系列加快民族地区人才培养的政策措施，培养造就了一大批少数民族人才，使之成为各行各业的骨干力量，为我国民族团结进步事业作出了重要贡献。"十二五"期间，国家将进一步加大投入，结合少数民族地区产业结构调整对各类人才的需求，不断创新和完善少数民族人才培养工作机制，努力提高少数民族人才培养的数量和质量，为民族地区经济社会发展提供人才和智力支撑。

进一步加大内地培养少数民族人才力度。一是扩大内地高校本专科少数民族预科班、民族班招生规模，重点招收少数民族自治地方和散杂居地区的少数民族学生，重点培养双语型、双师型教师和产业结构调整急需的专业人才。二是继续实施少数民族高层次骨干人才计划，到"十二五"末达到6200人左右，其中博士1200人，硕士5000人，重点培养创新型和应用型人才。三是启动少数民族高端人才培养计划，依托内地重点高等院校培养政治素质过硬，熟悉少数民族文化和历史，精通法律与经济等专业知识，了解国际政治及文化发展动态的少数民族高端人才。四是继续办好内地西藏班、内地西藏中职班和内地新疆高中班、内地新疆中职班。大力推进合校混班教学，切实加强德育和思想政治教育工作，改进教学方法，努力提高教育教学质量。

切实提升民族地区教育自我发展能力。一是大力普及学前教育。在民族地区率先安排农村学前教育项目，新建、改扩建一批标准化的幼儿园，重点支持学前双语教育。二是积极推进义务教育均衡发展。加大对薄弱学校改造力度，加快民族地区义务教育学校标准化建设，扩大寄宿制学校办学规模，新建、改扩建一批农牧区寄宿制学校，巩固中小学校舍安全工程成果，提高少数民族家庭经济困难寄宿学生生活补助标准，实施民族地区农村中小学生营养改善计划。三是提高普通高中办学水平。实施民族地区教育基础薄弱县普通高中建设项目，改扩建、新建一批普通高中。改善办学条件，扩大高中优质教育资源。四是加快职业教育发展，扩大民族地区职业教育规模，加强基础能力建设。支持职业教育基础薄弱县新建、改扩建一批中等职业学校，扶持每一个地级市建设好一所职业技术学院，建设一批职业教育实训基地，加强民族地区支柱产业、新兴产业、现代农牧业、民间文化、民族手工艺、民族建筑、旅游业等特色专业建设。五是提高民族高等教育发展水平和服务能力。中西部高等教育振兴计划和国家设立的地方高等教育专项资金向民族地区倾斜，支持民族地区高校和民族院校加强特色学科、薄弱学科基础能力建设，扩大理工类、应用型人才培养规模，在重点学科、重点实验室、工程研究中心、哲学社会科学重点研究基地建设和硕士博士学位点设置等方面予以特殊支持。

72. 如何通过统筹城乡教育发展缩小城乡差距？

城乡之间教育发展不均衡是当前我国教育改革发展面临的一个突出矛盾和问题。城乡学校办学条件差距明显，农村学校师资力量薄弱，教育教学质量不高。缩小城乡教育差距，促进基本公共教育服务均等化，是贯彻落实《教育规划纲要》、促进教育公平的迫切要求。"十二五"期间，必须进一步加强城乡统筹，积极探索城乡教育一体化发展的体制机制，努力缩小城乡教育发展差距。

一是要统筹城乡教育发展规划。要以城乡教育协调、均衡发展为目标，统筹考虑城乡教育发展的规模、结构、布局，科学制定城乡教育发展规划，注重人口变化、城镇化建设与教育布局结构的协调互动，实行城市开发建设和学校建设同步规划，新农村建设和农村学校建设同步规划。建立城乡一体的教育监测评估标准和监测机制。

二是要统筹城乡教育资源配置。统一城乡中小学校生均公用经费标准，提高农村中小学校运行保障水平。统一城乡学校建设标准和教育技术装备配置标准，加快农村学校标准化建设，改善农村学校办学条件。提高农村学校信息化水平，促进优质教育资源共享，提高农村学校教育教学质量。

三是要统筹城乡学校教师队伍建设。坚持把教师配置一体化作为城乡教育统筹发展的关键，统一城乡中小学教师编制标准，探索义务教育学校教师"县管校用"机制，完善农村教师补充机制和城乡教师交流机制。统筹城乡教师培训，提升农村教师教育教学水平，加强农村骨干教师培养。

四是要积极探索以城带乡教育发展机制。通过城乡区县互动、学校结对帮扶、捆绑发展等有效形式，探索城乡教育联动发展新模式，推动城市优质教育资源向农村延伸。鼓励各地积极探索城镇学校教师对口交流等制度，提高农村学校教师教育教学水平。

第九部分　实施教育对外开放战略

73. 当前我国对外教育与交流合作的基本形势是什么?

目前,我国教育对外开放的战略格局基本形成。有重点、分步骤、全方位、多层次地构建了以中美人文交流高层磋商机制、中俄人文交流合作为两大支柱,中国－欧盟、中国－东盟、中国－东北亚、中国－阿拉伯、中国－非洲、中国－上海合作组织六大平台为依托的教育对外开放大格局,交流内涵不断丰富和深化。我国与 188 个国家和地区以及联合国教科文组织等 28 个国际组织建立了教育交流与合作关系,设立了 18 个双边或多边教育高层工作磋商机制,构建了若干区域性的教育合作与交流平台。签署并尚在执行的双边和多边教育合作协议达 154 个,正在实施的政府间项目共有 77 项。与 39 个国家和地区签订了相互承认学历学位协议。

74. 推进中外合作办学的总体思路是什么?

"十二五"期间,将继续围绕《教育规划纲要》关于"办好一批示范性中外合作办学机构和一批中外合作办学项目"的要求,重点推动一批高水平中外合作办学机构和项目,加强对中外合作办学的规范管理。中外合作办学工作的着力点主要是加紧制定中外合作办学发展规划,明确准入标准,完善审批程序,加强引导和管理,进一步提高中外合作办学水平。

一是加大对高起点、示范性中外合作办学机构和项目的支持力度。推动从国家层面设立中外合作办学专项经费，支持国外一流大学的优势学科与国内高水平大学的强势专业合作，加强师资、教材、管理的引进吸收，服务我国教育改革发展。二是充分发挥高水平中外合作办学的高端引领作用。进一步加强对现有的高质量中外合作办学机构和项目的调查研究，对其办学经验进行总结，探索建立中外合作办学的相关学科标准和教师、教材、教法资源库。三是加强对中外合作办学机构和项目的统筹规划，逐步优化中外合作办学的地区、学科、办学层次等布局。四是进一步加强和完善对中外合作办学质量的评估和监管机制。

75. 如何理解教育服务国家外交战略的重要作用？

教育外事工作是我国对外开放的重要组成部分，事关国家对外开放大局。教育部始终按照《教育规划纲要》的要求，以促进教育改革发展为重点，以构建服务国家外交战略的教育国际交流合作大格局为目标，全面实施《教育规划纲要》提出的重大项目，努力促进我国教育改革发展和教育国际化水平提高。

《教育规划纲要》颁布以来，教育对外开放深入推进，围绕"大国是关键，周边是首要，发展中国家是基础，多边是重要舞台"的战略部署，构建了以中美人文交流高层磋商机制、中俄人文交流合作为两大支柱，中国－欧盟、中国－东盟、中国－东北亚、中国－非洲、中国－阿拉伯、中国－上海合作组织六大平台为依托的教育对外开放格局，教育国际交流合作取得了积极进展，在服务国家公共外交、开展人文交流中发挥了重要作用。

教育国际交流合作是中外人文交流、公共外交的重要领域，在国家总体外交中具有重要战略作用。要构建教育交流大格局。

76. "留学中国计划"的主要目标和内容是什么？

"留学中国计划"的主要目标是：到 2020 年，全年在内地高校及中小学校就读的外国留学人员达到 50 万人次，其中接受高等学历教育的留学生达到 15 万人，使我国成为亚洲最大的留学目的地国家。

"留学中国计划"在来华留学发展思路、目标措施和保障机制等方面提出了新要求，主要涵盖 20 项内容：发展目标、主要任务、指导思想、工作方针、发展思路、政策保障、管理体制、工作机制、宣传推介、招生录取、培养模式、专业课程、师资建设、质量保障、教育管理、管理队伍、生活服务、社会实践、奖学金体系建设、毕业生联系工作。

第十部分　建设高素质专业化教师队伍

77. 如何提高师范生培养质量？

"十二五"期间，深入贯彻落实《教育规划纲要》，围绕造就一支高素质专业化教师队伍的总体目标，全面提高师范生培养质量，主要采取以下措施：

一是推进师范生免费教育。进一步完善部属师范大学师范生免费教育，发挥引领示范作用。大力推进地方师范院校实行师范生免费教育，通过采取公费培养、学费补偿和国家助学贷款代偿等多种免费方式，为农村中小学和幼儿园培养大批下得去、留得住、干得好的骨干教师。

二是创新教师培养模式。实施"卓越教师培养计划"，围绕培养造就大批优秀教师和教育家的目标，大力推进教师培养模式创新，提高教师培养质量。继续推进教师教育创新实验区建设，构建师范院校、地方政府和中小学共同培养师范生的新机制。加快发展本科后教师教育，进一步完善注重实践的教育硕士培养模式。

三是加强教师教育学科专业建设。进一步整合教师教育资源，继续支持部属师范大学教师教育创新平台建设，努力打造一批支撑教师教育的优势学科和特色专业。

四是推进教师教育课程改革。落实《教师教育课程标准（试行）》，构建体现先进教育思想、开放兼容的教师教育课程体系。科学设置师范教育类公共基础课程、学科专业课程和教师教育课程，强化教育实践环节。实施"教师教育国家精品资源共享课建设计划"，开发建设高质量的教师教育课程教学资源。

五是强化教育实践环节。推动师范院校建立长期稳定的教育实习基地，落实师范生一学期教育实践制度。支持有条件的地区和师范院校实行师范生实习支教和中小学教师置换培训紧密结合的模式，促进师范生提高教学实践能力。

六是建立完善教师教育质量标准体系。实施《幼儿园教师专业标准（试行）》、《小学教师专业标准（试行）》、《中学教师专业标准（试行）》和《教师教育课程标准（试行）》，研制并实施"师范类专业认证标准"、"本科师范院校教学质量标准"。组织开展师范类专业评估，指导相关高校建立师范专业自评制度，构建较为完善的教师教育质量动态监控机制。

78. "十二五"时期如何深化教师任用制度改革？

深化教师任用制度改革，是落实《教育规划纲要》、健全教师管理制度、造就一支高素质专业化教师队伍的重要工作。

一是要完善并严格教师准入制度，严把教师入口关，继续加强并完善教师资格考试改革和定期注册制度试点工作。教师资格考试改革和定期注册制度试点工作，是国家教育体制改革、深化教师任用制度改革的重要举措，对加强教师队伍建设起到积极的推动作用，有利于教师队伍管理走向科学化、规范化和法制化道路。"十二五"时期，将在全国范围内推进教师资格考试改革和定期注册制度试点工作，扩大改革试点地区，逐渐推广覆盖全国。工作中，将坚持正确的指导思想和教师标准，做好顶层设计，研究和完善教师资格制度，严把教师入口关和定期审核关，规范程序，提高教师队伍质量。

二是要深化中小学教师职务制度改革。中小学教师职务制度改革就是要遵循教育发展规律和教师成长规律，建立与事业单位岗位聘用制度相衔接、符合中小学教师职业特点的职务制度，形成以能力和业绩为导向、以社会和业内认可为核心、覆盖各类中小学教师的评价机制。改革的主要内容包括：第一，建立统一的中小学教师职务制度，并设置正高级职务。职务系列依次为三级教师、二级教师、一级教师、高级教师和正高级教师。第二，按照注重师德素养、教育教学工作实绩和一线实践经历的要求，完善教师专业技术水平评价标准条件。国家制定基本评价标准，各地区制定具体评价标准。对特别优秀的教师制定相应的破格评审条件。第三，建立以同行专家评审为基础的业内评价机制，健全工作程序和评审规则，建立评审专家责任制，全面推行评价结果公示制度。第四，实现与事业单位岗位聘用制度有效衔接。中小学教师职务评审在核定的岗位内进行，岗位出现空缺时教师可以跨校评聘。新的职务制度适用于普通中小学、职业中学、幼儿园、特殊教育学校和工读学校等。

三是要全面推行教师聘用制度和岗位设置管理。根据分类推进事业单位改革的总体部署，按照按需设岗、竞聘上岗、按岗聘用、合同管理的原则，完善以合同管理为基础的用人制度，实现对教师由身份管理向岗位管理、由固定用人向合同用人的转变。鼓励普通高中聘请高等学校、科研院所和社会团体等机构的专业人才担任兼职教师。完善相关人事政策，鼓励职业学校和高等学校聘用企业管理人员、专业技术人员和高技能人才等担任专兼职教师。探索有利于促进协同创新、持续创新的高等学校人事管理制度。完善外籍教师管理办法，吸引更多世界一流的专家学者来华从事教学、科研和管理工作，有计划地引进海外高端人才和学术团队。

79. "十二五"时期如何健全教师考核评价制度？

教师的考核评价是教师成长发展的指挥棒，是教师队伍建设的重要工作环节。要根据学校的不同类型与层次、学科的不同特点、岗位职责的不同要求，建立遵循学校工作规律，以促进绩效改进和教师专业发展为导向，由品德、能力、业绩等要素构成的教师评价体系。

一是坚持以人为本，端正教师评价目的。教师评价不是为评价而评价，也不是仅仅作为人事管理的手段，在根本上，教师评价是实现教师队伍建设目标的具体手段。要大力营造宽松自由的工作氛围和良好的人才成长环境，尊重教师的主体地位和教师劳动的特殊性、复杂性，把考核评价的着眼点放在对教师的关心、培养、发展、提高上，积极稳妥地开展教师评价工作。

二是建立客观公正的评价程序，加强评价工作的科学化民主化。坚持个人自评、学生评价、专家评价、院系评价、学校审核等基本程序，扩大教师的知情权和参与权。建立健全教师劳动合同法制度和申诉制度，加强教师工会的作用，确保教师的利益得到保护。

三是针对入职性评价、职务聘任性评价和工作绩效性评价的不同需要，积极探索多元化的评价方法，强化同行专家特别是校外知名同行专家以及专业组织和学生在教师评价中的重要作用。重视对教师从事教学、科研工作评价的同时，还重视对教师思想政治素质的评价，不仅注重工作业绩，而且注重工作态度，通过考核评价，全面衡量教师在人才培养、科学研究、社会服务、传承文化等方面的贡献。

四是优化考核评价方式。评价方式要有利于创新和出高质量、高水平的学术成果。学校要简化学术评价环节，适当延长评价周期，由重视过程管理向更加重视目标管理转变，由单纯的数量评价向更加重视质量评价转变，不能片面强调发表论文和获奖的数量，支持优秀人才从事原创性研究和具有重要价值的长期研究。

五是评价结果的运用要以促进教师发展为主，不仅用于人事决策，更要以改进教学和教师发展为主，引导教师发挥专业特长，提高工作绩效，真正通过教师的发展实现学校的发展。

80. 如何完善职业院校兼职教师制度？

一是从 2006 年开始，着手研究兼职教师管理政策，同时在"十一五"期间实施的中等职业学校教师素质提高计划中，设立了职业学校聘请兼职教师资助项目，引导各地加大对职业院校兼职教师聘用的经费投入，积极探索吸引企事业单位专业技术人员、高技能人才到职业学校担任兼职教师的有效工作机制。各地和职业院校取得了很好的工作经验，为完善职业院校兼职教师制度打下了良好的基础。

二是在"十二五"期间实施的职业院校教师素质提高

计划中设立了职业院校兼职教师推进项目。创新工作思路和模式，充分调动和发挥地方政府在推动兼职教师工作中的积极性和主导作用，中央财政给予适当奖补。

三是总结前期工作经验，在广泛调研的基础上，会同人力资源和社会保障部、国务院国有资产监督管理委员会等部门，研究制定兼职教师聘用政策，尽快出台职业院校兼职教师管理办法。

81. "十二五"时期完善和推进教师绩效工资制度的思路和措施是什么？

义务教育学校绩效工资改革现已顺利完成，通过改革，大幅度提高了教师待遇，基本确立了新的义务教育学校收入分配制度，对于提高教师工作积极性，吸引优秀人才长期从教、终身从教，促进义务教育均衡发展具有重大意义。目前，义务教育学校内部分配激励机制初步建立，但奖励性绩效工资分配还存在制度化和规范化程度不高、分配程序不规范、校内分配关系处理不够妥当、分配导向不适应素质教育要求等问题。因此，下一步主要是完善义务教育学校奖励性绩效工资分配办法，重点做好四个方面的工作：一是进一步指导各地修订完善义务教育学校奖励性绩效工资分配方案；二是加强研究并指导各地改进教职工绩效考核办法和程序；三是多种形式交流推广关于奖励性绩效工资分配、绩效考核等方面的典型经验；四是适时开展义务教育学校奖励性绩效工资分配专项监督检查。

非义务教育学校按国务院部署，纳入"其他事业单位"，其绩效工资由各地人力资源和社会保障、财政部门结合实际情况出台政策并组织实施。下一步工作重点是加大与人力资源和社会保障部、财政部的沟通协调力度，加强对地方的指导，着重做好四方面工作：一是按两部门要求组织实施好部属高校绩效工资改革工作；二是了解各地非义务教育学校绩效工资实施情况，适时开展督导；三是以适当形式通报督查情况，推动地方相关工作的落实；四是对各地实施过程中出现的情况和问题，积极协调人社、财政部门，研究对策，确保平稳实施。

82. 如何推进边远艰苦地区农村学校教师周转宿舍建设？

按照《教育规划纲要》关于"努力改善边远艰苦地区农村学校教师工作和生活条件，吸引和留住优秀人才在农村长期从教、终身从教，稳定农村教师队伍，促进城乡教师交流，推进义务教育均衡发展"的政策要求，自 2010 年开始，教育部、国家发改委联合启动实施了边远艰苦地区农村学校教师周转宿舍建设试点项目，受到广大农村教师的热烈欢迎。当前，在试点基础上，正在着手组织编制周转宿舍"十二五"建设规划，拟通过中央和地方的共同努力，"十二五"期间在边远艰苦地区新建和改扩建一批布局合理、实用适用的农村学校教师周转宿舍，改善农村特岗教师、支教交流教师和寄宿制学校管理教师等的基本工作生活条件，为缩小城乡、区域教育差距，全面提高义务教育质量，基本实现区域内均衡发展创造条件。

在周转宿舍建设项目推进过程中，我们着重把握了以下几项原则：

一是在项目县和项目学校的遴选上，强调周转宿舍建设是"激励"政策，而不是"福利"政策，要求各地从省级层面制定项目县遴选标准，严格按照"最边远、最艰苦、最困难、最急需"标准遴选项目县，同时在确定"四最"项目县后，再结合教师情况，确定"四最"的项目乡镇和项目学校，在项目安排上坚决杜绝"撒胡椒面"式的做法和平均主义倾向。

二是在受益教师的范围上，强调周转宿舍项目的主要对象是农村义务教育阶段学校特设岗位教师、支教和交流教师（包括大学生志愿者西部支教教师、异地交流教师和顶岗实习师范生）、离城镇较远的边远艰苦地区教师、寄宿制学校管理教师等在边远艰苦地区任教的教师，要求各地深入细致地逐校进行分析，合理控制入住教师比例，根据实际需求确定每个项目的建设规模和受益教师范围。

三是在项目的建设布局上，强调周转宿舍建设规划要与农村义务教育学校布局规划相衔接，避免项目建成后改变用途或闲置浪费。周转宿舍建设项目必须选在符合布局调整、不会撤并的中小学，并尽量依托乡镇初中和中心校整合建设。要优先和充分利用现有校舍资源或学校周边富余校舍资源改扩建周转宿舍，如有条件可与学生宿舍统筹规划建设，方便管理学生。

四是在建设标准上，立足于解决农村学校教师的基本工作生活条件，在保证周转宿舍基本功能［如一室一厅（工作间）一厨一卫］的前提下，按照每套周转宿舍建筑面积35平方米的标准，坚持朴实大方、功能合理、使用方便的原则，由各项目省统一设计几套标准图纸和统一制定周转宿舍基本生活用具配置目录，指导项目县选择使用。坚持做到"经济、实用、适用"，杜绝贪大求洋，超标豪华建设。

五是在周转宿舍的管理上，要求各地将工程建设和保障制度设计统筹考虑，制定周转宿舍管理办法，明确入住条件、使用要求、运行维护以及公示核查等要求，确保周转宿舍的"公益性"和"周转性"。周转宿舍建成后产权公有，供教师周转使用，必须与教师住宅严格区分。入住教师应按相关规章与学校签订入住协议，明确双方权利、义务和责任。以确保教师周转宿舍在"建、管、用"等各个环节有章可循，保证资金投入效果，保障使用效益。

83. 国家级教师培训的主要目标和内容是什么？

新时期教育改革与发展对教师队伍整体素质提出了新的要求，加强教师培训工作，实施国家级教师培训计划（"国培计划"），是提高中小学、幼儿园教师特别是农村教师队伍整体素质的重要举措，对于推进教育公平、提高教育质量具有重要意义。

"国培计划"包括中小学教师示范性培训项目（"示范性项目"）、中西部农村骨干教师培训项目（"中西部项目"）和幼儿园教师国家级培训计划（"幼师国培"）三项内容。其中，"示范性项目"采取集中培训和远程培训的方式培训全国中小学学科骨干教师、幼儿园骨干教师、骨干班主任教师、紧缺薄弱学科教师和骨干培训者；"中西部项目"采用短期集中培训、远程培训和置换脱产研修等方式培训中西部农村义务教育学校骨干教师；"幼师国培"通过短期集中培训、转岗教师培训、置换脱产研修等多种方式培训农村幼儿园教师。

"十二五"期间，中央财政将进一步加大支持力度，继续实施以农村教师为重点的"国培计划",发挥示范引领、雪中送炭和促进改革的作用。通过实施"国培计划",培训一批"种子"教师,使他们在推进素质教育和教师培训方面发挥骨干示范作用;开发教师培训优质资源,创新教师培训模式和方法,提高教师培训管理的专业化水平,推动全国大规模中小学和幼儿园教师培训的开展;重点支持中西部农村教师培训,引导和鼓励地方完善教师培训体系,加大农村教师培训力度,显著提高农村教师队伍素质;促进教师教育改革,推动高等师范院校面向基础教育,服务基础教育。

84. 如何推动职业学校教师企业实践制度?

一是 2006 年教育部下发了《关于建立中等职业学校教师到企业实践制度的意见》,对中等职业学校教师定期到企业实践的内容、形式与组织管理等作出明确规定。几年来,各地和职业学校对建立和完善教师企业实践进行了有益探索。二是落实《教育规划纲要》重大项目安排,在"十二五"期间实施的职业院校教师素质提高计划中设立青年教师企业实践项目,为进一步完善职业学校教师企业实践制度探索更加有效的实现形式和管理模式。三是拟与国资委等部门继续遴选一批有行业代表性的国有大型企业建立教师企业实践单位。四是完善职业学校教师企业实践制度。2012 年拟会同人社部、国资委等部门制定出台职业学校教师企业实践规定。同时加强工作督导,推动各地全面建立和完善教师企业实践制度。

85. "十二五"期间完善现代教师教育体系的思路和措施是什么?

《教育规划纲要》明确提出,要加强教师教育,构建以师范院校为主体、综合大学参与、开放灵活的教师教育体系。为深入贯彻落实《教育规划纲要》精神,提升教师教育层次,提高教师教育质量,促进教师教育事业又好又快发展,建设高素质专业化教师队伍,"十二五"期间将采取以下主要措施:

一是研究制定优化调整教师教育院校布局结构的相关政策,统筹规划全国教师教育院校规模和数量,促进教师培养培训与各地中小学教师队伍建设紧密衔接。

二是国家继续办好部属师范大学,实行师范生免费教育,为培养优秀教师发挥示范引领作用。各省(区、市)要重点建设好师范院校,加强师范类学科和专业建设,提高科研水平,在当地教师教育中发挥引领作用。

三是积极引导高水平的综合性大学举办教师教育。以师范院校为主合并改制的地方综合性本科院校,要明确学校定位和办学方向,把为当地基础教育服务作为重要任务,继续办好教师教育。

四是原有培养初中教师的师范高等专科学校可以升格为师范学院。新建师范高等专科学校加强小学教育和学前教育专业建设,培养小学和幼儿园教师。重点建设一批幼儿师范高等专科学校。保全和提升中等师范学校优质资源。视需要和条件,部分中师可升格为幼儿师范高等专科学校,并保持长期稳定,主要培养专科层次的小学和幼儿园教师,部分中师主要培养幼儿园教师。

五是教育学院可与师范院校或综合性院校合并；对于单独改制并更名为普通师范院校或其他多科性院校的，从严控制。

六是支持教师进修学校与教研、电教等机构进行资源整合，形成上挂高师院校，下联中小学校，具有"多功能、广覆盖、大服务"特点的县区级教师学习与资源中心。

86. 如何提高中小学教师培训质量？

2011年1月，教育部印发《关于大力加强中小学教师培训工作的意见》，要求对全国1000多万名教师进行五年一周期每人不少于360学时的全员培训。"十二五"期间，中小学教师培训的总体要求是，贯彻落实《教育规划纲要》，围绕教育改革发展的中心任务，紧扣培养造就高素质专业化教师队伍的战略目标，以提高教师师德素养和业务水平为核心，以提升培训质量为主线，以农村教师为重点，开展中小学教师全员培训，努力构建开放灵活的教师终身学习体系，加大教师培训支持力度，全面提高教师素质，为基本实现教育现代化，建设人力资源强国提供师资保障。要按照"统筹规划、改革创新、按需施训、注重实效"的原则，通过创新培训模式方法、完善培训制度、提高培训能力、加强组织领导、加大教师培训经费投入等多项措施，保证和提高教师培训质量。

一是创新教师培训模式方法。适应教师个性化、多样化的培训需求，积极创新培训模式，不断优化培训内容，努力改进培训方式方法，增强培训的吸引力和感染力，不断提高培训的针对性和实效性。

二是完善教师培训制度。完善五年一周期的教师全员培训制度，建立严格的教师培训学分管理制度和教师培训机构资质认证制度，建立健全培训项目招投标制，择优遴选具备资质的培训机构承担培训项目，完善教师培训质量评估体系，采取专家实地考评、网络匿名评估和第三方评估等多种形式，加强项目过程评价和绩效评估，强化教师培训质量监管。

三是加强教师培训能力建设。充分发挥师范院校在教师培训方面的主体作用和区县教师培训机构的服务支撑作用，加强培训师资队伍建设和课程资源建设，实行培训项目首席专家制度，建立教师培训专家库和优质教师培训课程资源库，促进优质培训资源共建共享。

四是加强组织领导。将中小学教师培训纳入地方教育发展整体规划，统筹安排，优先保证。

五是加大教师培训经费投入。落实《教育规划纲要》提出的"将中小学教师培训经费列入各级政府预算"的规定和财政部、教育部《农村中小学公用经费支出管理暂行办法》（财教〔2006〕5号）"按照学校年度公用经费预算总额的5%安排教师培训经费"的规定，足额专款用于农村学校教师培训。建立健全财政投入为主体、社会投入和个人出资相结合的教师培训经费投入机制。建立健全教师培训专项经费管理制度，提高教师培训经费使用效益。

第十一部分　加强教育条件保障

87. 如何确保 2012 年实现 4%目标？

教育投入是支撑国家长远发展的基础性、战略性投资，是教育事业的物质基础，是公共财政的重要职能。近年来，各级政府坚持科教兴国战略，采取了一系列加大教育投入的政策措施，大幅度增加了财政教育投入，有力地促进了教育事业的发展。据统计，2010 年，全国教育经费总投入达到 1.96 万亿元，其中，国家财政性教育经费 1.47 万亿元，占国内生产总值的比例达到 3.66%。

确保 2012 年实现国家财政性教育经费支出占国内生产总值比例达到 4%目标，时间紧，任务重。为此，2011 年，国务院印发了《关于进一步加大财政教育投入的意见》（国发〔2011〕22 号），进一步明确了今后一个时期加大财政教育投入的政策措施。主要有以下几个方面：

一是落实法定增长要求，切实提高财政教育支出占公共财政支出比重。第一，严格落实教育经费法定增长要求。各级人民政府要严格按照《教育法》等法律法规的规定，在年初安排公共财政支出预算时，保证财政教育支出增长幅度明显高于财政经常性收入增长幅度。对预算执行中超收部分，也要按照上述原则优先安排教育拨款，确保全年预算执行结果达到法定增长的要求。第二，提高财政教育支出占公共财政支出的比重。各级人民政府要进一步优化财政支出结构，压缩一般性支出，新增财力要着力向教育倾斜，优先保障教育支出。第三，提高预算内基建投资用于教育的比重。要把支持教育事业发展作为公共投资的重点。在编制基建投资计划、实施基建投资项目时，充分考虑教育的实际需求，确保用于教育的预算内基建投资明显增加，不断健全促进教育事业发展的长效保障机制。

二是拓宽经费来源渠道，多方筹集财政性教育经费。第一，统一内外资企业和个人教育费附加制度。第二，全面开征地方教育附加。第三，从土地出让收益中按比例计提教育资金。

三是加强监测评价，督促地方政府加大财政性教育投入。中央有关部门将从财政教育支出增幅（权重30%）、财政教育支出比例（权重50%）、教育附加征收率（权重10%）和土地出让收益教育资金计提率（权重10%）四个方面对各地投入情况进行评价，并将各地投入情况及时报告国务院。中央财政设立财政教育投入综合奖励资金，对综合评价结果为优异的省份给予奖励。对于没有全面落实国务院加大财政性教育投入政策的地方，教育部将会同有关部门采取必要的行政措施，在院校设置、学位点建设和办学规模等方面予以严格调控。

88. 如何进一步拓展社会投资渠道？

社会投资是教育投入的重要组成部分。2010年，我国教育经费总投入约1.96万亿元，其中社会投入约4892亿元，占总投入的比例为25%。社会投入中，学费等事业收入约4106亿元，民办学校中举办者投入105亿元，社会捐赠108亿元，其他收入572亿元。近年来，我国教育的社会投资绝对数虽然不断增加，但是社会投资占教育总投入的比重却从2005年的39%下降到2010年的25%，而且社会投入中民办学校举办者投入和社会捐赠经费所占比例偏低。"十二五"时期，要充分调动全社会办教育的积极性，扩大社会资源进入教育的途径，多渠道增加教育投入。一是大力支持民办教育发展。制定促进民办教育发展的税收、财政、金融和土地等优惠政策。通过营利性与非营利性民办学校分类管理试点，形成完善的民办教育分类管理制度。针对不同性质的民办学校，制定不同的扶持政策。清理纠正对民办学校的各类歧视政策，落实民办学校应享有的税收优惠、土地征用、财政资助等优惠政策，保证民办学校享有与公办学校同等的法律地位。二是完善非义务教育成本分担机制，根据生均培养成本、居民负担能力、物价水平和资助水平，调整学费标准。三是完善鼓励社会团体、企业、家庭、个人捐资教育的激励机制。完善高校捐赠收入财政配比资金办法。落实企业、个人捐资教育税前扣除办法。扩大接受捐赠渠道，方便捐赠人的捐赠行为。

89. 如何确保用好教育经费？

教育投入是教育事业科学发展的重要保障。《教育规划纲要》明确提出提高财政性教育经费支出占国内生产总值比例，2012 年达到 4%。教育经费有了较大增长之后，要保障这些经费使用更合理、更科学，总的精神是要紧紧围绕"育人为本"这个核心任务和促进教育公平、提高教育质量这两项重大工作，切实把资金使用好、管理好。

使用方面，在保运转、保工资、保安全的基础上，重点加强关键领域和薄弱环节，做到"四个倾斜"：

一是向农村地区、贫困地区、民族地区倾斜。多年来，党和国家一直高度重视农村地区、贫困地区、民族地区教育改革与发展，通过实施义务教育经费保障机制、民族地区高中阶段教育发展等一系列重大项目，加大对农村地区、贫困地区、民族地区的经费投入力度，使得这些地区办学条件显著改善，办学水平明显提高。但从现实状况来看，这些地区的教育发展仍然相对落后，存在明显差距。今后将继续加大对农村地区、贫困地区、民族地区的投入，进一步优化投入结构，加快缩小城乡、区域教育发展差距，促进教育公平。

二是向农村义务教育、职业教育和学前教育倾斜。从我国现实来看，参照国际上的一般水平，我们在学前教育和职业教育上的投入比例偏低。与此同时，义务教育虽然全面实现了"两基"目标，但巩固提高和均衡发展任务十分繁重，义务教育尤其是农村义务教育仍然需要放在重中之重的位置。"十二五"时期，将通过实施推进农村学前教育发展项目、农村义务教育薄弱校改造计划、职业教育改革发展示范学校建设计划、职业教育实训基地建设项目、国家示范性高等职业院校建设计划等重大项目，加快农村义务教育、职业教育和学前教育发展。

三是向特殊困难学生倾斜。由于各种各样的原因，有的家庭难以负担学生上学费用，需要政府予以资助。近几年来，经过不懈努力，我国已建立起从学前教育到高等教育各个教育阶段的家庭经济困难学生资助体系，资助的范围不断扩大，资助领域不断延伸，资助标准不断提高，有力地维护了教育和社会公平。"十二五"时期，将通过实施学前教育资助、农村义务教育学生营养改善计划、中等职业教育免学费计划等重大项目，继续加大对家庭经济困难

230

学生、孤儿、残疾儿童的资助力度，使这些学生能安心学习、健康成长。

四是向建设高水平教师队伍倾斜。当前，要快速提高教育质量，实现《教育规划纲要》提出的目标，最有效、最关键的措施，是加快提高教师队伍整体水平，把更多的钱用到人的身上。"十二五"时期，将通过中小学教师国家级培训计划、农村义务教育学校教师特设岗位计划、职业学校教师素质提高计划二期、高等学校高层次创新人才计划等重大项目，吸引全社会、海内外更多优秀人才长期从教，加强对教师的培养培训，加大对优秀教师的奖励激励，充分调动广大教师的积极性、主动性和创造性。

管理方面，要以切实防范财经风险、提高资金使用效益为核心，加强制度建设，抓好"四个环节"：

一是分配制度。决定经费投向、设立重大项目、确定资金规模，都要做到规则先行，科学论证，广泛听取各方意见建议，必要时公开征求社会意见。

二是监管制度。完善学校财务管理制度和会计制度，加强学校的自我约束和管理；推进高等学校总会计师制度，提高财务监管的专业化水平；国家设立专门的教育经费监管中心，对教育经费使用进行常态化、规范化的监督、检查和管理。

三是纪检审计制度。教育经费从分配、使用到结算，重大项目从开工、建设到验收，都要有纪检审计部门的参与，防范违法违规行为，提高经费使用效益。

四是信息公开制度。完善国家教育经费统计公告制度，制定各级各类学校财务收支公告制度，建立重大项目经费使用公告制度，使教育经费的分配和使用始终在阳光下运行。

90. 当前学校基础设施建设的突出问题有哪些？

一是学校基础设施建设公共财政投入不足。主要表现在：教育基本建设投资增长速度长期滞后于 GDP 和财政支出的增速，财政预算内教育基本建设支出占教育经费总支出的比重逐年下降。2003—2009 年，国内生产总值年均增长率为 17.3%，国家财政支出年均增长率为 20.5%，同期教育基建经费支出年均增速仅为 5.84%。2003—2009 年，教育经费总支出年均增速为 19.8%，同期财政预算内教育基建支出年均增长率为 12.0%，财政预算内教育基建支出占教育经费总支出的比重从 2003 年的 3.1% 下降到 2009 年的 2.4%。

二是学校建设缺少长期科学规划，在学校布局布点和项目安排上存在着一定的随意性和盲目性。一些地方对中长期学龄人口流动和分布缺乏科学分析，造成学校空间布局不合理，教育资源配置不均衡。一些地区只注重教学行政用房建设，生活设施配套不完善；个别学校体量过大，在校生规模超标，大班额问题突出；一些学校校舍资源空余、空闲或者被违法占用。

三是学校建设的门槛过低，亟待建立严格的资格准入制度。大量的基础教育阶段特别是地处中西部农村地区的中小学校和幼儿园由资质较低的设计、施工单位建设，学校选址存在重大安全隐患，校舍安全不达标，教室的功能设计和采光照明等也不符合建设标准与设计规范要求。而在西方发达国家，对学校这一最重要的公共建筑有严格的资格准入制度，均是由高资质、高水平的公司设计和建设的，一旦建成，存续时间长达上百年。

四是校园规划和学校建筑特色不足，大量的学校建设仅仅满足了最低层次的空间要求，缺少内涵研究。比如：高等学校校园规划同质化倾向十分明显，缺乏高校自身的特点；职业教育学校缺乏技术教育特色，与普通中学没有差别；中小学校和幼儿园对校园绿化美化重视程度不够，未能实现环境育人的功能。此外，在规划建设学校时对节能、环保、低碳等新技术、新材料的应用不足。

91. 如何建立学校基础设施建设的长效机制？

学校建设是百年大计，是教育事业发展的物质基础。特别是在当前我国正处在经济社会结构调整和城镇化加速的关键时期，人口结构和布局正在发生深刻变化的时代背景下，加强教育基本建设规划工作，建立以规划引领、约束、推动建设的学校基础设施建设长效机制，落实先规划、后建设的制度更具有十分重要的历史意义。

教育基本建设规划的核心是学校布局规划和建设项目规划（即项目储备库建设）。其中，学校布局规划是学校建设发展的龙头，也是在经济社会结构调整和城镇化快速推进的时代背景下解决诸多问题的关键。做好学校布局规划有两个基本的外部约束条件：一是人口变化和城镇化，二是经济社会发展对人才的需求变化。首先，学校布局和基本建设规划必须对学龄人口的变化和流动进行科学预测。从学龄人口结构上看，2020 年前我国学龄人口总体上保持相对低位稳定，但城镇化仍导致学龄人口高速流动。因此，要辩证处理好就近入学与适当集中的关系，加强农村薄弱环节和切实解决城镇大班额问题的关系，户籍人口和进城务工人员子女的关系，旧城区和新建城区的关系，实现中小学和幼儿园合理布局、有序建设。其次，学校布局规划还要充分考虑经济社会发展对人才的需求，这对职业教育和高等教育来讲尤其重要。可以说，每一个传统产业的振兴，每一个新兴产业的培育，每一个区域性战略的实施，都必然要求相应学科的崛起和技能人才培养能力的支撑。因此，区域发展、产业振兴都要坚持教育先行，超前谋划高等学校和职业院校的布局与建设。职业学校（园区）的建设要以当地的主体产业需求为导向，规划布局建设重点职业院校和专业，新建职教园区要与本区域的开发区、工业园区配套建设，做到职业教育依托产业园区，产业园区支撑职业教育。高等教育着力优化区域布局、学科专业布局和科研布局，把学校布局建设的重点放在支持经济社会发展急需学科的发展上和对前沿学科、新兴学科的支持上。

加强教育基本建设规划，在规划好学校布局的基础上，还要做好建设项目规划（即项目储备库建设）。随着《教育规划纲要》的贯彻落实，财政性教育经费占 GDP 4% 目标的实现，各级政府用于教育基本建设的投入将逐年增长。除此之外，还有大量的社会捐赠资金、学校自筹资金用于学校基础设施建设。因此，做好建设项目规划是统筹中央和地方、政府和社会、发改和财政等各项基本建设资金，充分发挥教育基建投资效益的核心机制，也是争取加大教育基建投入的重要基础。不管什么专项、不论什么渠道的资金来源，只要按照其具体要求和项目安排原则，根据教育改革的重点和事业发展的需要从项目储备库中遴选项目，按照轻重缓急的原则组织学校建设，就能够使不同来源的资金、不同项目之间相互配套、有机结合，把每一分钱都用到教育事业发展最急需的地方。

92. 如何化解和防止普通高中债务风险？

普通高中处于国民教育体系中承上启下的关键环节，是基本公共教育服务体系的重要组成部分。当前，普遍存在的债务问题给普通高中教育的健康发展带来不利影响，引起了社会的广泛关注。对此，必须坚持以科学发展观为指导，高度重视，加强管理，采取有效措施化解普通高中债务，防止债务风险。

一是彻底摸清并锁定公办普通高中债务。各地区组织开展有关债务调查，以县为单位，逐校、逐项、逐笔核实债务，查清负债规模、形成原因、起止时间、债务资金来源和用途、目前资产状况等，纳入教育信息管理系统，确保债务情况的真实可信。

二是在明确责任的基础上统筹化解债务。发展普通高中事权在地方，地方政府既是普通高中投入的主体，也是化解其债务的主体。要将高中债务纳入地方政府性债务管理范围统筹考虑。在核定债务情况基础上，评估每一所学校的偿债能力和财务风险，分清债务类型和轻重缓急，区别对待。通过财政投入、盘活闲置资产、学校偿还等多种途径，化解普通高中债务。

三是严格控制新增债务。各级政府要根据经济社会发展、财务状况、高中生源流动趋势等因素，科学制定并认真落实普通高中发展规划。公办普通高中要由政府负责筹资建设，建设资金要纳入财政预算，不留缺口，不发生新绩。加强对普通高中基本建设的管理和监督，严格项目审批，规范学校建设资金来源，坚决制止不切实际的达标升级行为。对向有关单位和个人集资性借款要坚决制止。

四是切实加强财务管理，完善投入机制。加强普通高中财务管理，健全学校财务内控制度，防止发生财务风险。各地对债务风险大、拖欠施工单位和个人款项、可能引发纠纷的学校，要加强动态监控，及时采取有效化解措施。要研究制定普通高中生均财政拨款基本标准，完善普通高中收费制度，建立健全财政投入为主、其他渠道筹措经费为辅的投入机制。

93. 如何认识教育信息化在推动教育现代化中的重要作用？

信息化是当今世界发展的大趋势，人们的生产方式、生活方式以及学习方式随着信息化的发展而正在发生深刻变化。大力推进信息化，是事关我国现代化建设全局的战略举措。教育信息化是国家信息化的重要组成部分，是构建现代国民教育体系、形成学习型社会、实现教育现代化的内在要求。

教育信息化是指在教育领域全面深入地利用信息技术，开发利用教育资源，促进知识创新和共享，提高教育教学质量和效益，推动教育改革与发展的历史进程。教育信息化的技术特点是数字化、网络化、智能化，基本特征是开放、共享、交互、协作，其建设内容涉及基础设施、信息资源、重大应用、标准规范、法律法规、人才培养、技术攻关、国际交流等各个层面，渗透各级各类教育管理、教学、科研的各个环节。充分运用信息技术开发利用教育资源、增进信息交流与共享、支持知识建构与创新、变革管理与服务形态，是促进教育理念、教育体制与教育模式变革，推进终身学习，培养适合于信息时代具有国际竞争力的创新人才的重要途径；是促进教育公平、实施素质教育、提高教育质量、提升教育管理与服务水平的关键支撑；是引领教育现代化发展和学习型社会构建，建设人力资源强国的必由之路。

当前，教育信息化已经成为世界众多国家推动教育改革、提高全民素质的重要战略，世界主要发达国家纷纷对教育信息化建设给予重点投入和推进。我国党和政府高度重视教育信息化，《教育规划纲要》指出"信息技术对教育发展具有革命性影响，必须予以高度重视"，明确要求"加快教育信息化进程"，并从"基础设施、优质资源开发与利用、管理信息化"三个层面对教育信息化发展进行了总体部署。

世界发达国家因起步较早，信息技术在教育领域的应用已经跨越了以信息化基础设施建设为主的初级阶段，开始进入应用信息技术创造学习新时空并推动学习方式深刻变革的新阶段。全民教育、优质教育、个性化学习和终身学习已成为信息时代教育发展的重要特征，信息技术在推动教育创新发展中已展现出强大威力和广阔前景。改革开放以来，通过一系列重大工程和项目建设，我国的教育信息化取得了长足进展，但与人民群众的需求和世界发达国家水平相比还有明显差距。为以教育信息化支撑引领教育现代化，必须充分认识推进教育信息化的重要性、艰巨性和紧迫性，切实落实《教育规划纲要》关于教育信息化的有关要求和部署，把教育信息化作为国家信息化的战略重点和优先领域全面部署、加快实施，调动全社会力量积极支持和参与，用十年左右的时间初步建成具有中国特色的教育信息化体系，使我国教育信息化整体上接近国际先进水平，推进教育事业的科学发展。

94. "十二五"时期教育信息化建设的重点是什么?

"十二五"期间，教育信息化工作的指导思想是：全面落实《教育规划纲要》对教育信息化建设的总体部署和发展任务。坚持育人为本，以教育理念创新为先导，以优质教育资源和信息化学习环境建设为基础，以学习方式和教育模式创新为核心，以体制机制和队伍建设为保障，在构建学习型社会和建设人力资源强国进程中充分发挥教育信息化支撑发展与引领创新的重要作用。要坚持"面向未来、育人为本，应用驱动、共建共享，统筹规划、分类推进，深度融合、引领创新"的指导方针，全面、系统地推动教育信息化工作科学发展。

"十二五"期间的教育信息化工作，重点在优质资源共享、学校信息化、教育管理信息化、可持续发展能力与信息化基础能力等方面，实施一批重点项目，并取得实质性重要进展，初步解决教育信息化的全局性、基础性和各级各类教育信息化的共性问题，并以政策引导、试点示范为抓手，协调指导、全面推动地方教育信息化工作。

一是推进优质数字教育资源建设与共享。建设各级各类优质数字教育资源，构建国家数字教育资源公共服务平台，探索形成数字教育资源共建共享机制，到2015年，基本建成以网络资源为核心的教育资源与公共服务体系，为学习者可享有优质数字教育资源提供方便快捷的服务。

二是推进学校信息化能力建设与提升。加强各级各类学校信息基础设施与能力建设，包括中小学校、中等职业学校标准化建设和高校数字校园建设，重点支持中西部地区、边远地区、贫困地区的学校信息基础设施建设。同时，大力推进教育信息化应用创新与改革试点，探索教育理念与模式创新，推动教育与信息技术的深度融合，探索教育信息化可持续发展机制，并逐步推广，协调指导，全面推进地方教育信息化工作。

三是建设国家教育管理信息系统。初步实现系统整合与数据共享，为各级教育行政部门和各级各类学校提供教育管理基础数据和管理决策平台，为公众提供公共教育信息和教育管理公共服务平台。

四是加强教育信息化可持续发展能力建设。完善技术支持服务体系，建立统筹有力、权责明确的教育信息化管理体制和高效实用的运行机制，实施面向学科教师、管理人员和技术人员的教育技术能力培训，制定、推广和应用教育信息化标准，并建设技术支持体系、战略研究体系和人才培养基地，促进教育信息化可持续发展。

五是推进教育信息化基础能力建设。加快建设教育信息网络，推进中国教育和科研计算机网、下一代互联网试验网CERNET2、中国教育卫星宽带传输网络，建设国家教育云平台和开放大学信息化支撑平台，形成先进、安全、绿色的教育信息基础设施，支撑优质教育资源共享和各级各类教育信息化应用的开展。

第十二部分　保障与实施

95. "十二五"时期如何加强高校领导班子和领导干部队伍的建设？

办好一所大学，领导班子是关键。"十二五"期间，教育部将配合中组部研究出台普通高等学校党委领导下的校长负责制实施意见，印发教育部党组关于加强直属高校领导班子建设若干意见，采取一系列措施加强高校领导班子和领导干部队伍建设。

第一，加强领导班子思想政治建设。一是强化理论武装。积极推进学习型领导班子建设，坚持用中国特色社会主义理论体系武装头脑，把理想信念教育贯穿于领导班子思想政治建设的始终，坚持党的教育方针和社会主义办学方向，不断提高政治敏锐性和鉴别力。加强和改进党委中心组学习，定期召开领导班子学习会和务虚会。二是提高领导干部的党性修养和品德修养。深入开展讲党性、重品行、作表率活动，督促高校领导干部自觉查找和解决党性、品行方面存在的突出问题，带头践行社会主义核心价值体系，切实发挥表率作用。三是弘扬为民务实清廉的作风。坚持和完善调查研究制度、校领导接待日和联系基层制度，充分利用现代信息化技术手段建立广泛的沟通交流平台，及时化解矛盾。四是坚持和完善民主集中制。严格执行民主集中制各项制度，坚持和完善党委领导下的校长负责制，依法落实党委、校长职权，完善领导班子议事决策规则。进一步发挥党委全委会作用，健全和规范党委常委会向全委会定期报告工作并接受监督制度。

第二，加强领导班子组织建设。一是严格标准条件。按照社会主义政治家、教育家的要求，坚持德才兼备、以德为先的用人标准，坚持将政治素质、学术背景和管理才能相结合，突出德才兼备、注重实绩、群众公认、突出基层的导向。二是完善选任机制。坚持发布考察预告、设立意见箱、公布联系方式等制度，坚持党政换届全员公开述职和民主测评、全额定向推荐制度，全面落实干部师生的知情权、参与权、选择权和监督权。强化深度考察和延伸考察，多维度、全方位考察干部。正确分析运用民主测评、民主推荐结果。三是优化班子结构。从增强班子的整体功能出发抓好领导班子配备，着力形成班子成员年龄、经历、专长、性格互补的合理结构。重视选拔优秀的女干部和党外干部。四是加强后备干部的培养，突出实践锻炼，有针对性地安排后备干部到关键岗位或矛盾比较突出、困难比较多的岗位上经受实践锻炼。坚持重在培养、同等使用的原则，对后备干部从严要求，动态管理。五是完善协调配合机制。加强与有关部门的协调配合，注重听取学校党委的建议和意见，调动各方面的积极性，形成齐抓共管的工作格局。

第三，提高领导高校科学发展的能力。一是增强改革创新意识。引导高校领导干部坚持解放思想，着力转变不适应不符合科学发展观的思想观念，着力解决影响和制约科学发展的突出问题，用改革创新的思路和办法破解学校建设中的重大课题。二是扎实推进干部教育培训工作。认真落实中央提出的各项培训任务和要求，加大对干部的培训力度。坚持按需培训，创新培训方法，采取研究式、案例式、体验式等方式，增强培训的针对性和实效性。三是在实践中培养锻炼干部。坚持在完成重大任务、应对重大事件中培养锻炼干部，有计划地选派干部到关键岗位、困难和矛盾突出的环境中经受考验、积累经验，提高他们解决实际问题的能力。

第四，深化高校干部制度改革。一是严格选拔标准和任职条件。坚持五湖四海、任人唯贤，坚持德才兼备、以德为先的用人标准，按照社会主义政治家、教育家的目标要求，选好配强学校领导班子，特别是选准用好党委书记和校长。二是深入推进选拔任用制度改革。加大竞争性选拔干部力度，积极探索公开选拔、竞争上岗差额选任等选拔制度。继续开展直属高校校长公开选拔改革试点，探索完善大学校长选拔任用办法。继续开展选聘委派高校总会计师试点。建立健全干部选拔任用提名制度，扩大提名范围，探索多种提名方式。完善民主测评、民主推荐、考察预告、任职前公示等制度，增强民意表达的科学性和真实性。三是加大干部交流力度。积极推进高校之间、高校与其他部门之间的干部交流，推进校内党政之间的轮岗交流和党委、行政班子内部的分工调整。四是改进高校领导干部考核评价工作。研究制订直属高校领导班子和领导干部综合考核评价办法，建立与考核结果挂钩的高校主要领导收入分配激励机制。

96. "十二五" 时期如何提高教育行政管理干部的水平？

教育行政管理干部是党和国家教育方针政策的制定者、

实施者、执行者，肩负着推进教育改革，促进教育事业发展，建设人力资源强国的时代重任。教育行政管理干部的素养水平，直接关系到《教育规划纲要》的贯彻落实，关系到教育改革发展的深化推动，是全面提高教育质量，办好人民满意教育的关键所在。"十二五"期间，国家将围绕贯彻落实《教育规划纲要》，进一步深化推进干部人事制度改革，加大干部锻炼培养力度，努力提高教育行政管理干部的素质和能力。概括而言，主要有以下几方面举措：

一是加强实践锻炼。建立和完善干部到基层一线实践锻炼的机制，有计划地安排干部到基层一线培养锻炼。有组织地选派各层级机关干部到教育改革试点地区和高校调研蹲点，选派年轻干部到驻外岗位锻炼。有计划地安排干部到艰苦地区、复杂环境、关键岗位砥砺品质、锤炼作风、增长才干，不断提高干部解决实际问题能力，增进干部与群众的感情。

二是加强干部任职交流。进一步完善干部交流制度，建立干部定期交流的长效机制。着眼于多岗位锻炼干部，积极创造条件，推进干部的培养性轮岗交流，引导干部在不同工作岗位上丰富阅历、锻炼提高。有计划地安排机关单位学校内部跨部门交流。进一步加大教育部机关内外交流任职力度，开展教育部机关与直属高校、直属单位、地方教育行政部门的双向挂职试点。有计划地安排教育部机关干部到地方、到高校交流任职，安排地方教育行政管理干部到教育部机关、教育部属高校挂职交流，不断提高干部的综合素养和应对错综复杂局面的能力。

三是加强教育部直属机关干部教育培训。以加强教育部机关干部教育培训为重点和突破口，组织开展教育部直属机关干部分级分类培训。启动实施教育部机关干部能力提升计划，全面开展教育部直属机关干部选学，组织举办教育部机关干部各级任职培训班和各类专题培训班，着力提高干部依法行政能力和履职尽责能力。

四是部署推进新一轮大规模教育行政管理干部培训工作。研究制定"教育系统干部培训规划（2013—2017年)"，围绕教育事业改革发展的中心任务，以地方党政教育部门领导干部、高校领导干部为重点，进一步加大培训力度，统筹开展任职培训、提高培训和专题培训，切实提高各级各类干部的能力素养。依托国家教育行政学院每年继续举办教育局长研修班、高校领导干部进修班、高校中青年干部培训班；围绕高等教育改革发展的中心工作适时举办高校领导干部专题研修班，加大对高校中层干部开展分类培训的力度；配合中央组织部每年举办中管高校领导干部专题研讨班；会同国家外国专家局，组织实施高校领导赴海外培训。重点举办好党的十八大精神专题培训班，用十八大精神武装头脑、指导实践。按照培养社会主义政治家、教育家的要求，不断提升教育行政管理干部以改革创新精神推动教育科学发展的能力，切实提高教育行政管理干部的思想政治素质和开拓创新、驾驭全局、科学决策、维护稳定、应对突发事件等方面的能力。

97. "十二五"时期如何推进高校后勤社会化改革，建立食堂运行的长效机制？

高校后勤工作是高等教育事业发展的保障，关系到学校乃至社会的安全稳定。自1999年国务院办公厅召开第一次全国高校后勤社会化改革工作会议以来，经过各方面的共同努力，高校后勤社会化改革取得了显著成绩。市场机制在后勤资源配置中发挥出越来越重要的作用，高校后勤保障能力、运行效率和服务质量显著提高，有力地支撑了我国高等教育事业的快速发展。

但是，由于各种因素的制约，高校后勤运行中政策不明确、制度不健全、体制机制制约发展等问题依然存在，致使后勤运行效率和保障质量难以适应新形势下高等教育事业发展的需要。因此，必须继续推进高校后勤社会化改革。

推进高校后勤社会化改革要围绕建立和完善"政府履行职责、市场提供服务、学校自主选择、行业自律管理、部门依法监管"的新型高校后勤保障体系开展工作。主要任务如下：一是完善和落实配套政策，明确投入责任，切实保证高校后勤服务的"公益性"。二是积极稳步开放高校后勤服务市场，引入优质企业提供服务，鼓励有实力的高校后勤实体转制为企业，为更多学校提供服务。三是加快完善高校后勤服务市场的管理，完善高校后勤市场准入、退出及日常监督管理制度，大力推进标准化、规范化、信息化建设。四是加快教育行政部门高校后勤管理职能转变，推进后勤行业管理，组建全国性和区域性学校后勤行业协会，充分发挥其在规范行业管理、反映行业诉求、协调利益关系、维护市场竞争秩序、促进校园和谐稳定等方面的作用。

高校学生食堂工作是高校后勤社会化改革的重点。建立学生食堂长效机制要按照《教育部、国家发展改革委、财政部、国家食品药品监督管理局、国家税务总局关于进一步加强高等学校学生食堂工作的意见》（教发〔2011〕7

号）的要求做好落实工作。基本思路是建立公益性投入与市场化运营相结合的长效运行机制。主要内容如下：一是切实保证体现公益性的各项优惠政策和投入落实到位。二是建立学生食堂饭菜价格平抑基金，建立家庭经济困难学生临时补贴和资助标准与物价上涨挂钩的联动机制。三是在保证稳定的基础上，逐步理顺学生食堂饭菜价格形成和调整机制。四是继续加强"农校对接"工作。五是稳步开放校内餐饮市场，引入优质企业提供服务，加强制度建设，规范监督管理。六是建立学生思想教育长效工作机制，增进学生对食堂工作的理解。七是充分发挥学校后勤行业组织在学生食堂工作中的作用。

98. 为什么要加强对教育改革发展的宣传？

教育宣传是教育工作的重要组成部分，不断加强和改进教育宣传工作，积极营造全社会关心支持教育的良好氛围，对于推动教育事业科学发展、办好人民满意教育具有重要意义。

一是全面落实《教育规划纲要》的必然要求。《教育规划纲要》的颁布实施已进入第三个年头，当前正是贯彻落实的关键时期。要通过加大宣传力度，以多种形式及时报道各级党委政府优先发展教育、加强和改进对教育工作领导的重大措施，及时推广各地各校教育改革发展的经验、成果，及时反映教育战线的感人事迹和社会各界关心支持教育的先进典型，使科学的教育观、质量观、人才观在全社会形成广泛共识，使各地各部门各学校的思想认识进一步统一到《教育规划纲要》的精神上来，切实增强全面实施《教育规划纲要》的自觉性、主动性和创造性。

二是满足人民群众教育信息需求的主要方式。教育寄托着亿万家庭对美好生活的期盼。当前我国教育改革已进入"深水区",教育观念的碰撞更加激烈,全社会对教育工作的关注度空前提高。可以说,人民群众对教育公平的关注从来没有如此突出,对多样化、个性化教育的需求从来没有如此旺盛,对优质教育的渴望从来没有如此强烈,对教育信息公开的期待也从来没有如此迫切。要通过教育宣传,一方面及时发布各地、各部门、各学校推动教育改革发展的新思路、新举措、新成效,切实保障广大人民群众对教育工作的知情权、参与权、监督权;另一方面及时了解群众的所思、所盼、所忧,有针对性地研究提出解决措施,真正做到想群众所想、急群众所急、忧群众所忧、办群众所需,让人民群众感受到教育发展变化,享受到教育改革成果。

三是新媒体时代提高教育部门执政能力的有效手段。近年来,随着微博等新兴媒体的广泛使用,社会舆论格局发生深刻变化,进入了"个个都有麦克风,人人都是通讯社"的多媒体和自媒体时代,同时也开启了新政务时代。教育宣传是实现政务、校务公开,争取群众理解、支持、监督教育工作的重要途径,也是增强执行力、促进工作落实的有效手段。要通过建立健全新闻发布制度和重大突发事件快速反应机制,准确解读教育政策,及时澄清疑问,主动回应社会关切,理性分析热点难点,引导社会正确看待存在的问题和暂时的困难,树立政府为民务实良好形象,进一步营造全社会关心支持教育改革发展的和谐环境和宽松氛围。

99. 如何确保《教育"十二五"规划》的落实？

《教育"十二五"规划》是指导"十二五"时期教育改革发展的纲领性文件。确保规划的贯彻落实，是顺利实现《国家"十二五"规划纲要》和《教育规划纲要》目标任务的关键。

一是要落实责任分工。推动各地对规划提出的目标任务进行分解，明确责任分工，制订实施方案，对"十二五"教育改革发展的重点任务，制定时间表、路线图。

二是完善规划考核评估机制。研究制定《教育"十二五"规划》监测与评估指标体系，对各地《教育"十二五"规划》执行情况进行考核评估，作为对省级教育行政部门考核评价的重要依据。

三是加强宣传引导与舆论监督。定期发布教育改革发展动态，及时总结和推广各地在规划实施过程中取得的先进经验。同时，扩大全社会对规划实施情况的知情权，主动接受家长、社会、媒体参与规划实施的监督。

第十三部分　专家解读

教育是民富国强的"一本万利"

清华大学国情研究院院长　胡鞍钢

古人云："一年之计，莫如树谷；十年之计，莫如树木；终身之计，莫如树人。一树一获者，谷也；一树十获者，木也；一树百获者，人也。"我们的祖先在世界上最早意识到发展教育、投资于人民是一本万利的事业。

教育兴，人民兴；教育强，国家强。教育是推动经济发展、实现人民富裕和国家强盛的根本途径，尤其是对我国这个世界上人口最多的国家而言，优先发展教育更是我国成为世界强国的前提条件和必然战略选择。

我国最丰富的资源就是人力资源，最优先的发展战略就是大力开发和充分利用人力资源，不断强化教育投资，提高我国人力资本水平。党和国家历来高度重视教育发展，实施科教兴国和人才强国战略，先后制定了《教育规划纲要》和《人才规划纲要》。刚刚发布的《教育"十二五"规划》进一步对"十二五"时期教育改革发展作出了全面部署，对《教育规划纲要》的目标任务进行了分解和落实。按照《教育规划纲要》和《教育"十二五"规划》的部署，到2015年我国高等教育在校生总规模将达到3350万人，相当于美国当前在校生总规模（约1700万人）的近两倍；全国具有高等教育文化程度的人口数达到1.5亿人，相当于美国劳动力总量，也超过了世界第九大人口国家人口总数（2011年俄罗斯为1.38亿人）；主要劳动年龄人口平均受教育年限达到10.5年，那时劳动年龄人口在10亿人左右，尽管占世界劳动人口比重在下降（为20.7%），但是总人力资本（即劳动年龄人口数与平均受教育年限的乘积）为105亿人年，仍居世界第一位，占世界总量的1/4左右。我国人均受教育水平的提高，再加上我国十几亿的人口基数，就会形成巨大的总人力资本优势。因此，尽管中国人口红利在总劳动年龄人口达到高峰后逐步下降，但是教育红利仍然持续扩大，能显著抵消人口红利下降的负面作用。因此，可以预见，未来20年中国经济不但不会因为人口红利下降而下降，还会因人力资源红利特别是教育红利的上升而持续上升。

教育发展还有明显的多重溢出效应。受教育水平的提高有利于提高劳动生产率，从而直接促进经济增长；有利于提升受教育者的就业能力，提高劳动参与率特别是妇女的劳动参与率，从而直接促进就业总量增长；有利于经济结构调整，促使劳动力从低劳动生产率的农业向高劳动生产率的非农产业转移，从而促进就业结构中农业比重下降、非农业比重上升，这种结构效应也会提高全要素生产率（TFP）。从国内外经验来看，妇女受教育水平提高还可以直接降低妇女总和生育率，促进现代人口转型。因此，教育发展不仅可以产生教育红利，还会产生其他外溢红利即人力资源红利，这远大于人口红利。可以说，教育及其外溢性作用决定了教育在经济社会发展中具有基础性、先导性的地位，人力资本快速积累是经济迅速增长、社会加速转型的重要推动因素。尽管目前还难以从定量的角度估算教育的外溢性和长期影响，但总体上来看，教育的协调发展能极大地促进和影响整个社会的持续发展、科学发展。

回顾历史，1949 年我国总人口为 5.4 亿人，文盲率达到 80%，高等教育人口只有 18.5 万人，占总人口的 3.6‰，人口平均受教育年限只有 1.0 年，人口成为当时我国经济社会发展的沉重包袱。经过 60 多年的教育发展，我国人力资源开发水平得到了极大提高：人口不再是发展的沉重"包袱"，而是发展的最大"源泉"；不再是发展的制约"劣势"，而是发展的最大"优势"；不再是发展的"负债"，而是发展的最大"资产"。在各类战略性资源中，人力资源已经成为最具优势的资源；在各类发展资本中，人力资本已经成为最具竞争力的资本，教育是富民强国的"一本万利"。

21 世纪是中华民族伟大复兴的世纪，同时也是我国教育发展和人力资源开发的黄金时期与重要战略机遇期。我们要抢抓机遇，全面贯彻落实《教育规划纲要》，落实好《教育"十二五"规划》的各项目标任务，推进"十二五"教育改革发展，加快我国从世界教育大国向教育强国、从世界人力资源大国向人力资源强国迈进的步伐，为实现中华民族伟大复兴奠定坚实的人力资源基础。

转型背景下教育科学发展思路的新特点

上海市教育科学研究院院长　陈国良

"十二五"时期是我国教育改革发展的关键时期。《教育"十二五"规划》定位于《教育规划纲要》的实施计划和行动计划,在科学分析我国教育改革发展面临的国内外发展趋势和重大挑战的基础上,提出了"十二五"时期我国教育改革发展的基本思路,即更新教育观念,坚持改革创新,抓好工作落实,提升基础能力,促进协调发展,服务国家战略。这一思路体现了《教育规划纲要》的战略要求,体现了教育改革发展的阶段性特点。

《教育"十二五"规划》的基本思路是应对转型发展挑战的战略考量。从世界形势看,当前世界经济格局深度调整,经济发展理念和模式正发生新变化,许多国家都在重新审视未来的发展战略。后金融危机时期,世界进入科技创新引领经济繁荣的时代,知识和创新越来越成为增强国际竞争力的决定性因素,人力资源成为推动经济发展、提高综合国力的战略性资源。各国正积极谋划教育和人力资源开发的重大战略,作为抢占新一轮世界科技、新兴产业发展制高点的重要举措。我国处于全球性人才、科技和教育竞争日益加剧的大环境中,在激烈的国际竞争中要赢得主动地位、塑造国家竞争新优势,必须从战略角度谋划好教育改革发展和人才培养,为科学发展和提升国家综合竞争力提供人力资源保障。

从国内经济社会以及教育发展的前景看,"十二五"时期仍是我国大有可为的重要战略机遇期,经济社会发展长期向好的趋势不会发生根本性改变,但包括教育在内的经济社会发展正迎来艰巨的转型,改革进入攻坚的关键阶段,发展面临新的困难与挑战。工业化、城镇化深入推进,社会结构转型加快,资源环境约束更为严峻,加快转变经济发展方式和推进经济结构战略性调整的要求更加紧迫。国内经济社会发展形势对推进教育改革发展，提高劳动者素质，优化人才培养结构，培养创新人才，造就大批应用型、技能型、复合型人才等提出了迫切的要求。同时，随着技能、知识的价值日益凸显，人民群众更加强烈地渴望优质教育，更加热切地期盼教育改革发展能满足多样化、个性化的需求。

面对经济社会发展、人的全面发展和人民群众接受良好教育的新形势新需求，深化教育改革、推进教育事业科学发展，转变教育发展方式，已成为"十二五"期间教育改革发展最为紧迫的重大任务。在这种背景下，《教育"十二五"规划》在指导思想、基本思路等方面体现出了不同于以往规划的显著特点。

一是教育观念上更加突出以人为本。教育观念在教育事业科学发展中具有引领性和指导性的重要作用。《教育"十二五"规划》从坚持以人为本出发，抓住培养什么人、怎样培养人这一根本问题，把促进人的全面发展作为落脚点，提出更新教育观念的明确要求，即树立全面发展和人人皆可成才的观念、多样化人才观念、终身学习观念、系统培养观念、科学的质量观等。围绕落实素质教育战略主题，将更好地服务于人的全面发展，作为《教育"十二五"规划》目标和落实各项工作任务的出发点和落脚点。

二是彰显了服务国家战略作为教育改革发展的重大使命。教育服务经济社会发展和人民群众需求的能力水平是判断教育事业是否实现科学发展的重要标志。基于人力资源是国家战略性资源、教育改革发展是国家战略性举措的认识，《教育"十二五"规划》更加强调教育改革发展要服务于国家战略，明确提出将服务加快转变经济发展方式的要求和理念贯穿教育工作全局，进一步发挥教育人才培养、科学研究、社会服务和文化传承创新的作用，切实增强教育服务国家战略的能力，尤其将加快培养经济社会发展重点领域急需紧缺人才、扩大技能型人才规模提升到教育的国家战略使命高度。

三是提升基础保障能力对实现教育现代化目标愈显重要。在新起点上实现教育新发展，条件是基础。从夯实支撑教育现代化、服务国家现代化的人才和物质基础出发，《教育"十二五"规划》高度关注教育投入、办学条件、教师队伍等保障的重要性，尤其强调加大对关键领域和薄弱环节的投入，完善基本公共教育服务，将建设高素质专业化教师队伍放在提升基础保障能力的重中之重位置，为实现教育改革发展目标提供强有力的人才和条件支撑。

四是聚焦体制机制改革，力推试点创新。《教育"十二五"规划》牢牢抓住人才培养体制改革的核心，将创新国家教育制度改革提升到前所未有的高度，特别注重谋划制度改革的推进战略。通过明确落实教育"三个优先"的保障制度等十一个领域的国家教育制度创新方向，注重系统设计、整体推进，强调重点突破、试点先行，以教育与经济社会结合、产教结合等关键领域的制度改革为突破口，瞄准率先探索解决的教育难点热点问题，把握体制机制创新的主攻方向，突出强调国家教育体制改革试点的先行先试、总结推广，全面形成有利于教育科学发展的体制机制。

五是保障公平成为教育改革发展的重大任务。教育公平是社会公平的重要基础，是办好让人民满意的教育的基本要求。《教育"十二五"规划》更加重视扩大和保障公平受教育机会，从解决"入园难、入园贵"入手，加快发展学前教育，以推动学校标准化建设为基础，推动义务教育均衡发展，促进基本公共教育服务均等化，保障特殊群体受教育权利，保障进城务工人员子女就学，完善学生资助等，从而促进教育公平，满足人民群众的多样化、个性化教育需求。

六是教育协调发展有新要求。在推进教育协调发展方面，与以往规划有所不同，《教育"十二五"规划》在关注区域和城乡协调发展的同时，从加快构建现代教育体系的高度，更加关注完整的现代国民教育体系和终身教育体系建设，强调各级各类教育的协调发展，更加突出人才培养结构与经济社会需求的协调性。

七是更加注重发挥政府统筹管理能力。《教育"十二五"规划》比以往更加强调政府的教育责任尤其是省级政府教育统筹管理职责，扩大省级政府统筹教育权，强化省级政府发展教育责任，促进省域内教育合理布局和资源优化配置，并提出建立省级政府教育统筹的考核评价体系，形成强化省级政府统筹管理职责的制度保障。

八是标准建设成为教育制度的创新方向。《教育"十二五"规划》首次将建立健全教育标准作为制度创新方向，从学校建设标准、教师队伍建设标准、教育质量标准等六方面明确提出到 2015 年初步形成国家教育标准体系。建立完善国家教育标准，是"十二五"时期加快教育质量保障机制建设的基础性工作，也是实现国家教育现代化、推动教育事业科学发展的重要内容。

加强制度体系建设　大力促进教育公平

中国教育科学研究院院长　袁振国

教育是改善民生之基，教育公平是社会公平的重要基础。"十一五"以来，党和国家通过加快教育发展、合理配置资源、健全资助体系等重大措施，推动我国在教育公平方面迈出重大步伐。各级各类教育普及水平大幅度提高，进城务工人员随迁子女80%以上在流入地公办学校接受义务教育，新建特殊教育学校近千所，特殊儿童受教育机会得到更大保障；民族地区教育快速发展，城乡和区域教育差距缩小，区域内义务教育均衡发展取得了重要进展。

《教育规划纲要》确定了"优先发展，育人为本，改革创新，促进公平，提高质量"的工作方针，将促进教育公平作为教育事业科学发展战略重点之一。"十二五"时期是全面落实《教育规划纲要》的关键五年。《教育"十二五"规划》把促进教育公平摆在更加突出的位置，通过制度建设和保障体系建设，努力把促进教育公平落在实处。

科学合理的制度建设是实现教育公平的根本保障。《教育"十二五"规划》首先致力于建立健全相关制度，使教育公平制度化。

一是以法律法规保障公平。教育法制是建立教育公平机制的根本保障，是维护教育公平已有成果的重要手段。《教育"十二五"规划》提出要健全法制保障，把依法保障公民享有平等受教育权利作为制定和修订教育法律法规的重要原则，清理有关行政规章和管理制度，完善教育行政执法制度和权利救济制度；同时，要健全保障教育公平的规则程序。健全教育立法程序是促进教育公平的最有效措施，《教育"十二五"规划》提出各级政府和教育行政部门要在实施重大政策及改革措施前，制定实施程序、规则，提高重大政策与改革举措制定的程序化、科学化和民主化水平，继续推进招生"阳光工程"，推进学校办学、招生、考试等各个环节的社会公开制度。

二是以均等化服务保障公平。坚持基本公共教育服务的均等化原则，建立基本公共教育服务制度与体系，设立教育服务社会和文化建设目标，把推进教育公平作为政府的主要责任。《教育"十二五"规划》明确提出制定发展农村学前教育、推进义务教育资源均衡配置的措施，建立教育资源向农村地区、民族地区、革命老区、贫困地区、薄弱学校等的倾斜制度，推行校长、教师交流制度等，基本建立基本公共教育服务制度及体系，显著缩小城乡之间和东中西部之间教育发展差距，明显改善义务教育"择校热"等重点问题。

三是以均衡发展促进公平。《教育"十二五"规划》提出以义务教育均衡发展为重点，建立区域、城乡、校际差距评价指标体系，逐步形成中国义务教育均衡发展的各级发展指数，建立国家、区域、学校等层级的教育质量国家标准，鼓励中介性质的独立第三方评价机构参与评价全过程，建立和完善科学合理的质量评价体系及评价结果的定期发布与公告制度等。

四是以帮贫扶弱促进公平。《教育"十二五"规划》提出出台普通高校接受残疾学生就学、新增高校招生计划向中西部地区倾斜等一系列政策，缩小区域入学机会差距，保障每位学生的受教育权。健全国家教育资助与帮扶制度，加强对困难群体子女教育保障，在制度建设中重点突破和解决特殊教育学生、农村留守学生、进城务工人员随迁子女等困难群体接受义务教育的问题。

目前我国的教育公平政策从体系到思路都是比较完整的，国家已把教育公平作为基本教育政策，关键是要切实落实。《教育"十二五"规划》将建立健全教育公平保障体系建设作为重点，对于解决人民群众关心的热点难点问题，提出了具体的任务目标。

一是完善公平的学前教育保障体系，城乡基本解决"入园难"问题。明确政府职责，基本建立"广覆盖、保基本、多形式、有质量"的学前教育公共服务体系；探索政府举办幼儿园和鼓励社会力量办园的措施和制度，以农村地区为重点，多种形式扩大学前教育资源；配齐教师，实施资格标准和准入制度，落实待遇，实施五年一轮的全员国家培训计划；以快乐成长为导向，规范保教工作，积极开展公益性0—3岁早期教育指导服务，加快学前教育发展。

二是完善义务教育均衡发展的保障体系，有效缓解城镇大班额问题。切实缩小校际差距，促进合理的校长、教师流动和交换机制，建立健全义务教育均衡发展的监测制度，开展专项督导检查，定期发布专项报告和表彰奖励制度，尽快使义务教育学校师资、教学仪器设备、图书、体育场地达标；加快薄弱学校改造，努力办好每一所学校，教好每一个学生，有效缓解城镇大班额问题，率先在县

（市、区）域内实现城乡义务教育均衡发展，逐步在更大范围内推进。

三是完善中等职业教育城乡网络体系，不断提升职教"吸引力"。以普惠性为原则，建立公共财政保障制度，落实各级政府在中等职业教育方面的基本公共服务责任，形成覆盖城乡、比较完善的中等职业教育网络；创新办学机制，探索公益性的多种实现形式，摸索合作办学形式的多样化发展路径；完善区域布局规划，服务主体功能区建设，制定中等职业学校建设标准，加快示范校、特色学校、特色专业、特色实训基地等的建设。

四是完善健全各级各类资助保障体系，全面覆盖困难群体。继续推进特殊教育学校建设，完善配套设施，建立特殊教育教学改革指导和督导检查机制，提升特殊教育学校办学水平；制定和落实进城务工人员随迁子女接受义务教育后在当地参加升学考试办法，确保随迁子女平等接受义务教育；加强农村寄宿制学校建设，优先满足留守儿童住宿需求，建立健全政府主导、社会参与的农村留守儿童关爱服务体系；建立促进民族地区、困难地区教育及薄弱学校发展的资助保障体系，全面覆盖各级各类困难群体。

"收入不公影响人一时，教育不公影响人一生。"《教育"十二五"规划》以完善制度和建立健全保障体系为重点促进教育公平迈向新的水平，反映了人民群众的迫切愿望，也反映了"工业支持农业、城市反哺农村"的时代要求。"十二五"期间我国教育事业将沿着以促进公平和提高质量为重点的内涵式发展道路稳步前进，使发展更协调，人民更满意。

建立质量保障体系　全面提高教育质量

国家教育发展研究中心副主任　韩　民

提高教育质量是我国教育改革发展的核心任务，是促进教育事业科学发展、使教育更好地服务于我国经济社会发展和人的全面发展的必然要求，是建设教育强国和人力资源强国，增强我国教育竞争力的关键所在。促进教育事业科学发展，使我国教育"由大变强"，必须紧紧抓住提高教育质量这个核心不放松。《教育"十二五"规划》不仅把提高教育质量摆在更加突出的位置上，而且对加强教育质量保障有了更加清晰的思路，提出了建立教育质量保障体系的明确目标、主要任务和具体举措。教育质量保障体系是确保教育质量的一系列制度安排和体制机制的总和，包括教育质量标准体系、条件保障体系、教学管理体系和评价监测体系等各个环节。在建立教育质量保障体系方面，《教育"十二五"规划》重点强调了以下几个方面。

一是树立科学的教育质量观。建立教育质量保障体系的一个基本前提是全面地理解教育质量的深刻内涵，树立科学的教育质量观。《教育"十二五"规划》从科学发展观的要求出发，对科学的教育质量观的内涵给予了清晰的表述。首先强调面向全体学生的教育质量观，就是说提高教育质量不仅要关注拔尖创新人才的培养，而且要使质量提升惠及全体学生，为全体学生提供更加丰富的优质教育。其次强调素质教育的、注重人的全面发展和个性发展的教育质量观。《教育"十二五"规划》提出要在人才培养中将文化知识学习和思想品德修养、全面发展和个性发展、创新思维和社会实践紧密结合。同时，要把青少年学生身心健康水平进一步提高、推进素质教育、切实减轻中小学生课业负担也作为衡量教育质量的重要因素加以考量，体现了新形势下对教育质量认识的深化。最后强调能力为本的教育质量观。传统的教育质量观偏重知识的掌握，而忽视能力的培养，能力的培养一直是我国教育和人才培养中比较薄弱的环节。《教育"十二五"规划》把学生的学习能力、实践能力、创新能力的显著增强作为提高教育质量的重要目标，体现了对能力特别是核心能力的高度重视，反映出对教育质量认识上的重大转变。

二是建立国家教育质量标准体系。我国教育质量保障薄弱的一个重要原因是教育质量标准体系不健全。多年来，我国各级教育、各类学校虽然都有各自的培养目标，但由于没有细化的质量标准，教育教学、质量管理与监测评估缺乏明确的依据和针对性，很多举措因此流于空泛，难以落到实处。针对这一问题，《教育"十二五"规划》明确提出了建立国家教育质量标准体系，研究制定适应各级各类教育特点和规律、体现德智体美全面发展要求、可衡量、有针对性的教育质量标准的任务，这反映了我国在教育质量保障思路上的新进展，是《教育"十二五"规划》一个重大亮点。制定国家教育质量标准体系，明确各级各类教育对质量的基本要求，是建立教育质量保障体系的重要环节，也是实施教育质量管理和监测评估的基本前提，是提高教育质量的"纲"。按照规划要求在"十二五"期间完成各级各类教育质量国家标准的制定，必将对我国教育质量的全面提高起到"纲举目张"的促进作用。

三是建立教育质量评价体系。教育质量评价与监测是教育质量保障的重要环节，是推进国家教育质量标准体系有效实施的有力手段。教育质量评价与监测的有效实施需要以科学的方法、专业化的机构和队伍作为支撑。《教育"十二五"规划》从评价指标、评价方式、信息库建设、民主参与、队伍建设等方面，提出了建立教育质量评价体系的系统思路和明确任务。第一，开发体现德智体美全面发展、反映不同层次和类型人才培养要求的评价指标；第二，外部评价与自我评价相结合，要求学校加强自我评价；第三，加强相关信息建设，建立教学基本数据信息库；第四，促进民主参与，要求中、高等学校充分发挥教师和学生的重要作用；第五，推进评估办法多样化，探索学校评估、专业评估、国际评估等多种评估形式；第六，加强专业评估机构建设，建立一批评估专门机构，鼓励社会中介组织对教育教学质量进行评估；第七，加强专业化的质量评估队伍建设，通过加强人员培训，提高教育教学质量评估队伍的素质。

四是强化教育质量制度与投入保障。制度建设是教育质量保障体系的重要组成部分，教育质量的有效保障有赖于以提高教育质量为导向的各种管理制度和工作机制的建立。第一，要建立健全专业认证机制，成立具有独立法人资格的专业认证机构，加强高等教育评估认证领域的国际交流，推动工程教育、医学教育等领域按照国际惯例开展专业认证工作。第二，要借鉴国际质量管理认证的经验，鼓励职业院校和高等学校参加国际质量管理认证。第三，要推进教育质量信息公开，建立教育质量年度报告发布制度，加强对教育质量的社会监督。

教育投入、教育资源配置是决定教育质量的重要因素。在以往的教育资源配置当中，政府决策者和学校管理者常常是重视规模扩张，轻视质量保障，注重硬件建设，忽视软件建设，对教学环节的精力和财力投入较少。鉴于此，《教育"十二五"规划》要求各级政府和学校以提高质量、强化教学环节为核心优化教育资源配置，加大对提高教育质量的投入，切实把教育资源配置和学校工作的重点集中到强化教学环节上来，把重大教育工程项目的实施与提高教育质量这一核心任务紧密结合起来。

提高教育质量是教育事业发展的永恒主题。全面提高教育质量，是办好人民满意的教育和建设人力资源强国的迫切要求。建立教育质量保障体系，是全面提高教育质量的关键所在。我们要根据《教育规划纲要》及《教育"十二五"规划》的部署和要求，转变观念，树立以提高质量为核心的教育发展观和科学的教育质量观，落实教育质量保障体系建设的各项任务，加快建设国家教育质量标准体系和教育质量评价体系，切实加强教育质量保障的各项制度建设，以提高质量为核心优化教育资源配置，为全面提高教育质量提供有力的保障。

建设中国特色、世界水准的现代职业教育体系

首都经济贸易大学党委副书记、研究员　孙善学

建设现代职业教育体系是《教育"十二五"规划》提出的一项重点任务，也是"十二五"时期我国教育体系建设的重点和难点。《教育"十二五"规划》明确了现代职业教育体系建设的总要求，提出要着力实现四个方面的重要突破，对"十二五"时期推进现代职业教育体系建设作出了明确部署。

一是明确中国特色、世界水准的总要求。为落实《教育规划纲要》确立的现代职业教育体系建设目标，规划将中国特色、世界水准的总要求分解为三个方面的具体要求。第一，在体系定位上要"遵循规律、服务需求、明确定位"。即现代职业教育体系必须遵循职业教育的科学规律，服务于社会职业需求和人民群众的教育需求，要在我国现代化建设中特别是服务经济发展方式转变上找准战略方位。第二，在体系设计上要"系统思考、整体设计"。即规划、设计现代职业教育体系要加强系统性、整体性，重在建立健全职业教育的国家制度、国家体制、国家机制和国家政策，并使各项制度政策相互匹配，为职业教育提供保障。第三，在体系建设实践上要"分类指导、分步实施"。在确立体系建设的阶段任务、重点、模式等方面不能一刀切，要根据各地经济社会发展的阶段性特点，因地制宜，分类指导，分步实施。这三方面要求也是工作方针，明确了体系建设工作的原则、重点、方法和步骤。

二是拓宽职业教育的社会功能，面向人人、面向社会办教育。《教育"十二五"规划》进一步拓宽了职业教育的社会功能，突出了面向人人、面向社会办教育的现代职业教育理念。这使得职业教育具备了两个新的重要特征：一个是"终身教育特征"，现代职业教育要从过去的以学龄人口为教育对象的"一次性"、"阶段性"教育，向服务所有人的就业需求和职业发展的"终身性"教育转变；另一个是"大职业教育体系特征"，现代职业教育要从以职业学校体系为主的职业教育体系向以职业学校体系为主干，包括职业学校、成人学校、企业或社会培训机构甚至本科高等学校在内的大职业教育体系转变。《教育"十二五"规划》提出：职业教育要在终身教育中发挥重要作用，加强职业教育与普通教育、继续教育的相互沟通，健全各类教育多元立交相互沟通的有效渠道；要在社区教育中发挥重要作用，为社区居民提供职业技能培训，普及科学知识，提高市民科学素质和人文素质；要在新农村建设中发挥重要作用，积极开展农业技术推广、农村技术人员继续教育和新型职业农民培训；要在继续教育中发挥重要作用，开展职后学历继续教育、非全日制成人高等学历教育，以及为复转军人开展非全日制学历教育；要向普通教育开放，为各类非职业学校学生提供职业教育课程和技能培训，方便社会成员自主选择学习，满足学习者提高职业技能的要求。

三是丰富职业教育办学层次，培养从基础到高端不同层次的职业技能人才。目前，我国仅有中职、高职两个层次的职业教育，不能满足现代化建设对于职业技能型人才的层次性、专业性和发展性要求。现代职业教育应当从职业实际需求出发，按照职业活动规律、职业人才成长规律和职业能力要求，建立从基础到高端的学历层次结构和教育标准，这也符合社会分工理论和人才结构理论的一般原理。《教育"十二五"规划》要求进一步明确中等和高等职业教育定位，鼓励中等和高等职业教育在各自层面上办出特色、提高质量。中等职业教育重点培养适应产业需求和具有发展潜力的技能人才，发挥基础性作用；高等职业教育重点培养高端技能人才，发挥引领作用。《教育"十二五"规划》在职业教育层次上有了新突破，提出"完善高端技能人才通过应用本科教育对口培养的制度，积极探索高端技能人才专业硕士培养制度"，将高端技能人才教育纳入现代职业教育体系框架之中。丰富职业教育层次结构有利于促进职业教育体系与现代产业体系、劳动就业体系和公共服务体系相适应，促进人才培养模式多样化，使社会成员进入职业教育体系学习更为便捷，提高人力资源开发利用程度。

四是创新职业教育办学体制，探索多元主体合作共赢新模式。职业教育是同经济社会发展联系最为紧密的一种教育。科技革命的新成果、生产力发展的新要求最先体现到职业教育的内涵里。构建职业教育体系不是单纯地改造教、学过程，而是构建学校与社会、教学与实践相融合的综合系统。职业教育的重要制度设计几乎都要考虑职业教育同外部的联系。因此，搞好职业教育需要全社会关注和参与。《教育"十二五"规划》特别强调了职业教育办学体制创新。首先，继续深入推进政府主导、行业指导、企业参与的办学体制建设，政府要在职业教育发展规划、资源整合、政策制定、搭建校企合作平台等方面发挥主导作用，行业要在人才需求、专业布局、教学改革、标准建设等方面发挥引导作用，企业要积极参与课程建设、教材开发、教师队伍建设、实习实训基地建设等技能人才培养的全程。其次，大力推行校企合作、工学结合、顶岗实习的人才培养制度，不断创新人才培养模式。再次，完善政产学研的协作对话机制，推进职业教育与行业企业深度融合。最后，推进职业教育集团化办学，探索建立基于产权制度和市场机制的职业教育集团治理结构，促进学校办学与产业园区、教育链与产业链的深度融合，集团内部学校、企业、行业等成员之间资源共享、优势互补、合作共赢。

五是改革职业教育学习制度，搭建人们成长成才的"立交桥"。职业教育要成为面向人人的教育，必须建立与之相适应的学习制度。《教育"十二五"规划》提出，要针对不同学习者的需求，实行灵活学制，改进职业教育内容、方式方法、评价机制。首先，建立开放灵活的入学制度。除了已经实施的职业学校招生考试政策之外，《教育"十二五"规划》还提出鼓励职业学校和企业联合开展现代学徒制试点，鼓励本科高等学校招收职业教育毕业生，完善高端技能人才通过应用本科教育对口培养。其次，加强中等和高等职业教育衔接，为制定并实施职业教育标准、开发课程、推行学分制、实行弹性灵活的学制奠定基础。最后，探索职业学校和普通学校、成人学校、培训机构、企业培训之间课程互设、学分互认、学生互转的机制，促进课程内容与职业标准对接、学历证书与资格证书对接以及不同形式的学习成果互认，为实现不同类型教育相互沟通、搭建终身学习的"立交桥"奠定制度基础。

规划描绘了现代职业教育体系蓝图，系统地提出了现阶段制约职业教育发展的若干瓶颈性问题的解决方案，明确了工作目标和任务。在现代职业教育体系建设中，还要注重处理好以下几方面关系：

一是市场性和公益性的关系。世界发达国家的经验告诉我们，职业教育是重要的民生工程，必须坚持职业教育公益性，必须落实政府在发展职业教育上的职责。为此必须加快建立健全公共财政对职业教育的投入保障机制，并用政策引导和动员社会各方举办职业教育或捐资助学。

二是升学导向与就业导向的关系。构建现代职业教育体系、丰富职业教育学历层次结构、加强中职与高职教育衔接，目的不是建立一套新的职业教育升学体系，而是使职业教育体系更好地对应于社会分工和职业需求。职业教育如果不能坚持以就业为导向，就会出现"学生为了升学、学校为了升格"的趋向，陷入与普通教育同构化的怪圈，改革就有可能失败。

三是职业教育标准与学历标准的关系。职业教育标准是现代职业教育层次划分的依据，应该以能力标准为核心，融职业道德、职业技能标准和文化知识素养要求为一体，由教育界和产业界合作开发、共同管理。职业教育层次将来也许可以用本科、研究生之类的概念来描述，但其内涵不能等同于传统意义上的学历概念。建设现代职业教育体系必须遵循职业教育规律，走职业教育的路，说职业教育的话。

"十二五"时期继续教育改革与发展的新任务

国家教育发展研究中心研究员　谈松华

国家教育发展研究中心副研究员　安雪慧

《教育"十二五"规划》把继续教育摆在终身教育体系建设的重要地位，对"十二五"期间我国继续教育作了全面规划部署，明确了继续教育体系建设的目标、任务以及相关政策措施，对推动我国继续教育进入新的发展阶段必将起到积极作用。

从国内外实践来看，继续教育具有对象广泛、针对性强、周期短、见效快的特点，对人力资源开发具有其他类型教育不可替代的重要作用。新中国成立特别是改革开放30多年来，我国的继续教育有了很大发展，经历了一个从普及补偿到逐步提升的过程，从新中国成立初期的工农业余教育到20世纪80年代的学历补偿教育，再到世纪之交的具有终身教育特征的继续教育，初步形成了多种层次、多种类型、多种形式的继续教育体系，形成了各类学校、行业、企业、社会培训机构等广泛参与实施的多元化的办学格局。随着教育普及水平的提高，继续教育的重点已经从小学后教育提升为初中后教育，将在一段时间内再从初中后教育逐步提升到高中后教育、大学后教育，从学历教育逐步扩展到非学历教育。

《教育规划纲要》提出到2020年基本建成学习型社会的目标。《教育"十二五"规划》明确提出要把发展继续教育作为建设学习型社会的重要战略举措，在全社会树立终身学习的理念，在终身学习框架内推动各级各类学校教育教学改革，发展多种形式的教育机构，满足不同社会成员多样化的继续教育需求。可见，随着教育理念的发展、教育系统的逐步完善和教育功能的多元化，继续教育在整个教育系统中的作用越来越突出，越来越成为整个教育改革和发展的重要内容之一。

继续教育产生于现代工业社会，特别是在后工业社会，即由工业社会向知识社会转变的过程中，终身教育在现实需求的背景下得到迅速发展，已经成为当今世界教育发展和改革的重要趋势。随着高新技术的快速发展和社会的进步，人们在整个一生中所需要的知识，从学校教育中获得的只是一少部分，大部分知识以及分析和解决问题的能力与创新能力等，都要在工作和生活的实践中通过不断的继续学习才能获得。当前，我国的经济社会发展已经发生变化，未来十几年是我国经济增长方式转变和产业结构、技术结构、城乡结构迅速变化的关键时期，劳动力在产业、行业、职业、企业及岗位间的流动和转换将持续加快。据有关专家预测，2020年我国第一产业劳动力比重将从2002年的50%降到25%，第三产业劳动力比重将从27%提高到45%。这一新的发展趋势对社会成员特别是劳动者和专门人才素质的提高及继续教育提出了迫切的要求。因此，发展继续教育是转变经济增长方式、实现产业结构战略性调整、提高我国自主创新能力的关键因素。

随着信息技术的飞速发展，特别是网络时代的到来，人类的学习方式正在发生前所未有的深刻变化，学习已经不受时间、空间和特定组织机构的限制，远程学习、网络学习、移动学习等形式，为人们"按需学习"、"自主学习"、"在职学习"提供了技术支撑，继续教育将越来越成为各类社会成员学习成才的重要途径。美国新经济的诸多领军人物如比尔·盖茨、戴尔、乔布斯等，都是离开学校后在工作中不断继续学习进而成为改变人类生活方式乃至改变时代的领军人物。因此，有理由相信继续教育将越来越成为未来教育发展的新领域，成为未来学习方式变革的重要标志。

"十二五"时期是我国继续教育改革和发展的关键阶段。要加快继续教育体系建设，必须着力做好以下两方面的工作。

一、逐步形成包括学历补偿、学历提升、职业培训、知识和技术更新、闲暇文化生活学习等在内的全方位的继续教育格局

统筹学历、非学历的继续教育，改革继续教育的人才培养模式。学历继续教育应采取灵活多样的招生办法，放宽学校对招生和入学对象的年龄限制。对高等职业学校以及高等学校应用性强的专业的招生，学生具有的工作经历和实践经验应作为考核和录取的重要依据。教学方法应以业余学习、部分时间学习为主，加强工学结合，实行弹性学制和更加灵活的学分制度。进一步健全在职人员攻读申请学位的制度。大力发展专业学位教育，促进产学研的紧密结合。各个行业、企业和各类教育机构对非学历继续教育和培训，要坚持以社会和学习者的需求为导向、以职业能力培养为核心，教学内容和培养方法、模式要加强针对性、多样性和灵活性。

大力发展面向社区、农村、中西部和民族地区的继续教育，加强经济社会发展重点领域紧缺专门人才的继续教育。我国正处于工业化、城市化加快发展的时期，过去 20 多年城市化率每年提高近 1%，已经有近 3 亿农村劳动力向城镇转移，今后还会有大量农村人口向城镇转移；同时，新农村建设任务需要大批懂技术、会经营、善管理的新型农村建设人才。因此，农村继续教育面临着向城市输送合格劳动者和培训新型农村建设者的双重任务。尤其是西部地区和少数民族地区的继续教育直接影响这些地区的居民素质，对于加快这些地区经济和社会发展具有关键性作用。农村继续教育研究课题组研究提出，农村继续教育要提高农民实用技术培训率，2012 年提高到 30%，2020 年提高到 60%。发展社区教育是建设全民学习、终身学习的学习型社会的基础工程，要按照不同社群的学习需求开展多种形式的学习活动，包括职业培训、业余文化教育、闲暇生活教育、老年教育等。

充分发挥现代信息技术在继续教育中的作用。以卫星电视、互联网为载体，联合高等学校、行业企业和社会组织，整合继续教育资源，建设开放、共享的继续教育服务平台，充分发挥大众传媒的继续教育功能。努力为全体社会成员提供各种不受时间和空间限制的、高质量的教育和学习服务。

发展多样化的继续教育机构。继续办好学校继续教育机构，发展社会化职业培训机构，以广播电视大学为基础建设开放大学，大力建设社区教育中心，完善自学考试制度，办好老年教育机构，形成"广覆盖、宽领域、多层次"的继续教育网络。制定网络教育课程建设规范、教学基本规范和教学工作文件，开展师资队伍培训，提升教学及管理能力。以企事业单位、政府机关、专业组织为重点推进学习型组织建设，建成一批示范性学习型组织。

二、加强机构建设、法律法规建设和制度机制建设

继续教育覆盖人群广，从青壮年到中老年人；教育形式多样，正规的、非正规的、非正式的教育培训灵活多样，自主性强；牵涉的机构多，从不同的政府管理部门、不同的产业行业到不同的企事业单位。因此，推进继续教育迫切需要加强统筹协调的机构建设、法律法规建设、制度机制建设。

建立具有统筹协调职能的继续教育管理机构。可以教育、财政、发改、人社等政府综合管理部门为主，工业、交通、农业、科技等业务部门参与，组成继续教育管理机构，统一制定法规政策、发展规划、质量标准等，由各相关业务部门组织实施，并进行行业管理，以推动继续教育健康有序地持续发展。

研究制定推进终身学习的法律法规。加快出台"终身学习法"，从法律上明确继续教育各种利益相关者的责任和义务，为理顺政府、行业、企业、继续教育机构以及学习者等责权关系提供法律依据。制定国家和社会各领域的继续教育发展规划。在各个行业和部门特别是关系经济社会发展的重要领域，建立和完善继续教育制度，明确规定从业人员特别是各类专门人才参加继续教育的要求。

制定和完善继续教育制度及激励机制。制定和颁布各类从业人员的继续教育条例（如"专业技术人员继续教育条例"），对社会性、公益性强的职业领域，明确规定从业

人员参与继续教育的义务和权利，规定各类从业人员继续教育的保障条件。完善继续教育的激励机制，把从业人员继续教育成果作为其职业资格证书更新、岗位聘任、职务职称晋升的重要参考依据。建立从业人员"带薪教育假"制度，解决从业人员特别是专业技术人员的工学矛盾。企事业单位组织职工培训可替代"带薪教育假"。进一步健全劳动准入制度和职业资格证书制度，全面推进劳动者和各类专业人才持证上岗及职业资格证书定期更新制度。

推动各级政府、行业和企事业单位加大对继续教育的投入，推动财税、金融政策的完善，建立和完善激励、监管机制。要区别不同类型的继续教育，建立政府、企业和个人合理分担成本的经费保障制度。政府的投入和公共职业培训及继续教育资源应优先向弱势群体，特别是失业者、低收入者、进城务工人员和贫困地区劳动者倾斜，加大经费支持力度，并探索建立面向弱势群体的"继续教育与培训券"制度。对认真执行按企业职工工资总额 1.5%—2.5%的比例筹措经费并用于职工培训的企业，落实税收优惠政策，对未落实上述规定的企业应将其税收中相应部分充作继续教育基金，主要用于无力组织培训的中小企业职工培训。要充分发挥市场机制的作用，鼓励和调动各个行业、企业、部门、社区及广大社会成员支持、扶植与发展继续教育的积极性。

建立继续学习成果认证、学分积累和转换制度，促进不同类型教育之间的衔接和沟通，积极搭建通过各种学习途径成才的"立交桥"。建立弹性学习制度，鼓励在职学习者利用业余时间学习，工学交替、分阶段完成学业。将学习者参与的非学历继续教育按照一定标准折合为学分，允许将继续教育学分在不同的教育机构和项目之间进行转换。我国现有的高等教育自学考试制度、职业技能鉴定制度、外语等级考试制度、计算机等级考试制度、书画等级考试制度等都是以考试为主要手段的学习成果认证制度。要在不断完善各种资格考试制度的同时，积极探索以能力水平为主要依据的多样化学习成果认证方法，促进各种学习成果的互认与衔接，充分发挥学习成果认证对促进终身学习的积极作用。

推进城乡区域教育协调发展
服务国家城镇化与区域发展战略

南开大学副校长，南开大学教育与产业、
区域发展研究中心主任　佟家栋

《国家"十二五"规划纲要》明确提出要统筹城乡发展，实施区域发展总体战略，积极稳妥推进城镇化。由于政策、地理位置和资源禀赋等方面的差异，我国的区域经济发展极不平衡。教育在促进区域经济协调发展、加快城镇化进程中具有关键作用。《教育"十二五"规划》把推进城乡与区域教育协调发展作为"十二五"教育发展的重要任务，提出了一系列重要政策措施，明确了方向和目标。全面贯彻落实《教育"十二五"规划》确定的目标任务，对于促进东中西部、城乡教育协调发展，提高教育服务区域经济社会发展的能力水平，具有重要意义。

一、优化区域教育资源配置，加大对中西部地区教育支持力度，实现区域、城乡教育协调发展

保障区域、城乡受教育机会的平等是缩小区域、城乡发展差距最有效的途径。当前，我国区域教育发展很不平衡，东中西部教育发展水平还有较大差距，不仅体现在各级各类教育普及水平上，更体现在各地区教育发展结构和教育资源配置上。因此，在"十二五"时期推进城镇化进程和促进区域协调发展过程中，要更加公平地分配公共教育资源，优化教育经费投入结构。

《教育"十二五"规划》明确提出要合理配置教育资源，着力向农村地区、边远贫困地区和民族地区倾斜，加快缩小教育差距，并从两个方面提出了具体措施：一是加快缩小城乡差距，建立城乡一体化的义务教育发展机制，在财政拨款、学校建设、教师配置等方面向农村倾斜，逐步建立完善的基本公共教育服务体系；二是努力缩小区域差距，加大对革命老区、民族地区、边疆地区、贫困地区的转移支付力度，鼓励发达地区支援欠发达地区。

二、优化高等教育区域布局结构和学科专业结构，提高高校服务区域经济社会发展的能力水平

当前，我国中西部地区高等教育空间布局格局已有一定程度的改善，但总体上来看，中西部地区高等教育资源不足，学科专业结构和人才培养结构难以适应中部崛起、西部大开发等国家区域发展战略的需要，高校服务区域经济社会发展的能力不强。《教育"十二五"规划》明确提出：设立支持地方高等教育专项资金，加大对中西部地区高等教育的支持，实施中西部高等教育振兴计划；新增招

生计划向中西部高等教育资源短缺地区倾斜，扩大东部高校在中西部地区招生规模，加大东部地区高校对西部地区高校对口支援力度等。同时，提出要科学规划区域教育结构，调整区域教育布局结构、层次结构和人才培养结构等。这些政策措施的实施，对于扩大中西部地区的高等教育资源，优化高等教育布局结构和人才培养结构，提升高等教育支撑区域发展的能力水平，必将起到重要作用。

三、大力发展面向农村的职业教育，服务城镇化战略和社会主义新农村建设需要

从城镇化水平来看，我国城镇化率远远落后于世界平均水平，也滞后于我国的工业化水平。"十二五"时期到2020 年是国家工业化中期阶段的重要时期，同时也是城镇化快速发展时期。预计到 2020 年，中国城镇化率将达到56% 左右，城镇总人口将达到 8 亿人左右。城镇化进程加快必然伴随着劳动力转移数量的快速增加。研究发现，今后 10—20 年，我国将从农村向城镇转移 1.5 亿—2 亿剩余劳动力。经济发展方式转变背景下的城镇化不仅有三次产业结构的调整、优化和升级，而且其科技含量也越来越高，这就对从农村转移出来的劳动者素质提出更高的要求。在城乡一体化进程中，职业教育以及与进城务工人员、农村劳动力转移培训等密切相关的继续教育，均与城乡经济发展存在着密切关系，发展职业教育与培训也被视为解决"三农"问题的重要途径，因而要把加强职业教育和培训作为推进城乡教育协调发展的重要措施。要通过大力发展面向农村的职业教育，以提高科技素质、职业技能和经营能力为核心，打造服务农村经济社会发展、数量充足的农村实用技术人才队伍和适应产业转型升级的高素质产业工人。

四、加大支持力度，提高民族地区教育水平，实现各民族共同繁荣进步

加快民族教育事业发展，对于推动少数民族和民族地区经济社会发展，促进各民族共同繁荣进步，具有重大而深远的意义。在党和政府的高度重视下，"十一五"以来，民族教育事业取得了显著的成绩，少数民族和民族地区教育程度有很大提高。但由于历史、社会和自然条件等多方面的原因，当前，我国大多数民族地区教育事业发展的总体水平与东部地区相比仍然较为落后。《教育"十二五"规划》将推动民族教育加快发展作为区域教育发展战略的重要举措，提出了公共教育资源向民族地区倾斜、中央财政加大对民族教育支持力度、完善对口支援机制等政策措施，并提出了支持教育基础薄弱民族地区改扩建或新建一批高中阶段学校、加大对边境地区学校建设和发展的支持力度等一系列民族教育发展工程项目，这对"十二五"期间推动民族地区教育实现跨越式发展必将起到积极的推动作用。

完善教师管理制度
建设高素质专业化教师队伍

北京师范大学校长、教授　董　奇

教育大计，教师为本。教师是教育发展的第一资源和教育改革的最重要力量。进入 21 世纪以来，世界各发达国家和发展中国家都将教师管理制度建设作为提升教师队伍素质的重要手段。如美国推行的"高质量教师"专业标准和评价体系、教师教育评估认证制度，日本实施的弹性教师资格更新制度等诸多教师管理制度，有效提升了本国教师队伍的素质和活力。在我国从人力资源大国迈向人力资源强国、从教育大国迈向教育强国的历史新阶段，建设高素质专业化教师队伍，是我国教育改革发展应对新挑战、面对新形势、承担新任务的必然选择和紧迫任务。

教师管理制度建设是教师队伍建设的重要环节和保障，是提高教师队伍素质和专业化水平的必要前提。从我国教育改革的经验来看，教师管理制度也在提高我国教师队伍素质方面发挥着越来越重要的作用，尤其是近年来，以"师范生免费教育"、"国培计划"、"特岗计划"为代表的计划项目，探索了通过教师制度创新推动教师队伍发展的有效途径。《教育规划纲要》明确提出要将加强教师队伍建设作为战略重点，对教师教育、教师管理与考评、教师地位和教师待遇等问题作出一系列配套制度安排。完善教师管理制度，建设高素质专业化教师队伍，是"十二五"期间教师队伍建设的核心任务，是破解教师队伍发展难题的关键环节，也是落实《教育规划纲要》的重要举措。《教育"十二五"规划》确立了"到2015年，初步形成一支师德高尚、业务精湛、结构合理、充满活力的高素质专业化教师队伍，造就一批教学名师和学科领军人才"的发展目标，并将教师制度建设贯穿于教师培养、入职、管理和职业发展各个方面，通过制度的建设与实施多管齐下推进我国教师队伍专业化与素质提升。

一是完善师范教育的招生、培养与质量保障制度，提高师范教育质量。当前全国师范专业毕业生在部分地区、部分学段、部分专业出现供过于求的局面，教师队伍建设的突出矛盾已逐步由数量不足转向质量提升。招生环节是保障教师培养质量的一个重要前提。在招生环节实行师范生提前批次招生录取制度，将有利于为师范教育挑选到更好的生源。在培养环节，将实施教师教育课程标准，规范和引导教师教育课程与教学，并进一步探索学科专业教育与教师专业教育相结合的教师培养模式；还将严格执行师范生实习一学期制度，切实强化师范生的实践能力。更重要的是，"十二五"期间将建立起教师教育标准体系和质量保障制度，包括制定和执行各级各类学校教师专业标准、教师教育机构资质认证标准、教师教育质量评估标准及教师教育课程标准等。

二是改革学校人事准入、管理和退出制度，增强教师队伍活力。在职业准入方面建立"国标、省考、县聘、校用"的准入制度，严把教师的入口关。具体来说是针对新教师，由国家制定教师资格考试标准，省一级教育行政部门统一组织教师资格考试和教师资格认证，县一级教育行政部门组织教师公开招聘。在人事管理与退出方面，由于我国现行的教师资格证书并无时限规定，不能满足教育实践发展对教师职业能力不断提升的要求，因此在"十二五"期间，将打破"铁饭碗"，对于在职教师实行五年一周期的教师资格定期注册制度，对于不适应教学岗位需要的教师实行离岗培训、调岗或调离的制度。在职务（职称）管理方面，试点建立与事业单位岗位聘用制度相结合的教师职务（职称）制度，这一制度符合教师职业特点，也有利于激发教师队伍的积极性。

三是完善教师专业技术评价制度，为教师发展提供驱动力。改变简单用升学率和考试成绩评价教师的做法，必须建立一整套教师专业技术评价的科学标准和评价制度。"十二五"期间将建立以能力和业绩为导向、以社会和业内认可为核心、覆盖各类中小学教师的评价机制，完善中小学教师专业技术水平评价标准条件，由国家制定基本评价标准，各地区制定具体评价标准；评价实施将采取评审专家责任制和评价结果公示制度，并积极探索实行学校、学生、教师和社会各界多元评价办法。此外，师德表现作为一项极其重要的评价指标，是教师资格认定和定期注册、绩效考核、职务聘任和评优奖励的首要依据，实行"师德"一票否决制。

四是落实教师待遇提高与激励制度，增强教师职业吸引力。"十二五"期间，国家将继续大力提升教师待遇，"平均工资不低于或者高于国家公务员的平均工资水平"将被写入《教师法》，绩效工资制度将全面落实，还将制定和完善教师住房优惠政策以及教师医疗、养老等社会保障制度。农村教师仍是各项福利与优惠制度的先行先惠群体，在工资、职务、津贴补贴标准等方面对农村教师实行倾斜政策，逐步缩小城乡教师收入待遇差距；还将创新农村教师补充机制，具体包括建立确保免费师范生到中小学尤其是农村边远地区学校任教的定向就业办法、扩大"特岗计划"的实施范围和标准、扩大农村学校教育硕士师资培养计划、坚持高年级师范生到农村学校教育实习一学期制度和健全城镇教师支援农村学校制度等。

五是完善教师培训与专业发展制度，提高在职教师整体素质。教师培训在"十二五"期间将实现常规化、制度

化。将实行五年一周期的教师全员培训制度，继续实施
"国培计划"。培训将成为教师发展的必需环节，建立起教
师培训与教师考核、教师资格再注册与职务聘任等相挂钩
的机制。除培训外，其他专业发展形式也将制度化，包括
制定校本研修计划和管理制度，落实职业学校教师企业实
践制度等。培训实施的保障机制也将得到进一步健全，将
建立健全教师培训项目招投标机制，保障培训项目的质量；
经费分担机制将初步形成，由中央财政继续支持"国培计
划"，中央和地方各级政府设立教师培训专项经费并纳入预
算，同时强化落实学校公用经费5%用于教师培训的制度。

《教育"十二五"规划》对于教师队伍管理制度建设
的规划部署，是引导和推进我国教师队伍管理实现系统变
革和体制机制创新的重要举措，必将为我国教师队伍质量
提升发挥长远而积极的作用。《教育"十二五"规划》对教
师队伍制度建设的战略部署，为我国教师队伍突破现有体
制机制障碍，实现大发展提供了良好契机。但同时，必须
看到，教师管理制度建设也是地方各级政府、教育行政部
门和各级各类学校切实推进的一项重要、持续的工作，需
要各方的共同努力和不懈探索。制度能否达到预期效果，
受到诸多因素的制约，不仅依赖于制度本身的科学性和合
理性，也依赖于执行过程中的落实情况。从过去的经验来
看，有些制度设计良好，但由于在执行中缺乏科学规划，
缺乏相应的配套措施，缺少具体指导，缺乏效果评估，缺
乏监督督导，导致制度未能发挥应有的效果。"十二五"期
间的教师队伍建设工作，不仅要重视制度建设工作本身，
也要花大力气研究建立制度和执行中的保障机制。

一是制定各项制度建设和实施的执行标准。制度按照什么样的规范建设和实施，执行到何种程度是合格的，需要有一定的执行标准。执行标准的设立可以为实施提供规范，提高各地开展制度建设工作的可操作性，也便于过程性的评估。

二是建立健全保障制度建设和实施的工作机制。需要建立健全各项保障措施，形成一套高效的制度建设和实施的工作机制。包括明确各级各类责任主体，制定相应的配套措施，在经费、资源、条件、管理上予以支持和保障等。要鼓励各级地方政府和教育行政部门立足本地实际，出台保证制度执行的配套措施，形成阶段性的工作目标、时间表和路线图等。

三是切实加强制度建设和实施工作情况的监督检查。建议定期对制度建设和实施工作执行情况开展监督和过程性评估，做到责任明确、层层落实。成立独立的从国家到地方多层次的教师评估与监督机构，建立灵活的巡视监察制度，对各地教师管理制度工作的执行和落实情况进行定期、不定期的过程性评估。

四是建立制度建设和实施工作的考核与问责机制。将执行和落实教师管理制度的工作，与各级政府和教育行政部门的业绩挂钩。将教师管理制度和标准的执行情况，作为上级督导下级政府教育工作的重要内容和考核领导干部政绩的重要方面。对落实教师制度工作成绩突出的相关部门与人员要给予表彰和奖励，对执行不力者要进行责任追究。结合问责制度，针对评估结果及发现的问题，制定整改措施，限期推进整改。

五是搭建有利于制度执行的支撑平台。建议搭建研究试验平台，对教师制度建设和实施工作中的重点难点问题开展针对性的试点；建立各层面的专家咨询与指导服务平台，对各地在教师制度工作落实中遭遇的问题给予及时的指导；建立教师资源和质量的调查制度，快速准确地把握全国和各地教师队伍的现状、变化特征和存在的问题等重要信息，为教师队伍的发展和政策的改进提供依据。

落实和用好4% 为"十二五"教育改革发展提供财政保障

中国人民大学财政金融学院院长，中国人民大学
教育发展与公共政策研究中心教授 郭庆旺
中国人民大学财政金融学院副教授 贾俊雪

《教育规划纲要》确立了国家财政性教育经费占 GDP 的比例在 2012 年达到 4%（以下简称"4%"）的目标，为"十二五"时期我国教育事业发展确立了一个明确的财力保障水平。《教育"十二五"规划》进一步明确提出要完善教育投入保障、使用和管理机制。贯彻落实《教育"十二五"规划》，落实和用好"4%"，提高教育经费的使用效益，成为当前我们面临的一项重要课题。

一、创新财政制度，构建落实"4%"的体制机制保障

为了顺利落实"4%"，建立国家财政性教育经费占 GDP 比例稳步提高的长效机制，需要在财政制度上大力创新，促进中央与各级地方政府加大教育投入，构建一个稳固的、可持续的国家财政性教育经费的财力保障制度。具

体应着力做好如下三方面工作：

一是要规范预算制度，构建国家财政性教育经费稳步增长的支出协调机制。"4%"目标的有效实现取决于我国政府能否切实贯彻教育优先发展的战略方针，这需要规范财政支出制度，建立一个良好的支出协调机制，优先确保国家财政性教育经费需要。进一步深化我国预算管理制度改革，在将预算外和体制外收支完全纳入预算管理的基础上统筹安排，优化财政支出结构，把教育作为财政支出重点领域予以优先保障。严格按照教育法律法规规定，在预算编制和预算执行中将新增财力着力向教育倾斜，保障教育财政拨款增长明显高于财政经常性支出增长，保持合理、稳定的国家财政性教育经费占财政总支出比重。

二是要拓宽财力来源，建立专门或主要用于提供教育经费的税费种类，为国家财政性教育经费的稳步增长构建一个良好的收入保障机制。从国际经验看，保证财政性教育经费稳定增长的一个重要途径是建立专门或主要用于提供教育经费的税费种类，而我国目前专门用于教育的税费类收入主要是教育费附加。近年来，党中央、国务院对增加财政教育投入、促进教育优先发展高度重视，先后进行了三项制度改革，积极拓宽财政性教育经费来源渠道。其中包括：从2010年12月1日起，统一内外资企业和个人教育费附加制度，对外商投资企业、外国企业及外籍个人，同样按"三税"实际缴纳税额的3%征收教育费附加；2010年11月，财政部印发《关于统一地方教育附加政策有关问题的通知》，要求各地统一地方教育费附加政策，对本行政区域内缴纳"三税"所有单位和个人按照实际缴纳税额的

2%征收地方教育费附加；从 2011 年 1 月 1 日起，各地从出让国有土地使用权取得的土地出让收入中，按照扣除征地和拆迁补偿、土地开发等支出后余额 10% 的比例，计提教育资金。这些措施拓宽了财政性教育经费的来源渠道，无疑为国家财政性教育经费稳步增长奠定了坚实的制度基础。但是，为了构建国家财政性教育经费稳步增长的收入保障机制，应进一步拓宽财政性教育经费的来源渠道，改教育费附加制度为征税制度。从教育费附加制度的运行来看，有些单位和个人不缴纳或拖欠缴纳的情况时有发生，还有些部门和单位擅自挤占、截留和挪用教育费附加资金。为了减少或避免此类现象的发生，可考虑将教育费附加改为教育税，即仍按"三税"实际缴纳税额征收 5% 的教育税。同现行的教育费附加制度相比，这既没有增加相关企业和个人的负担，又能增强这种来源渠道的法制性、强制性和严肃性。此外，要进一步拓宽财政性教育经费的来源渠道。比如，鉴于我国国有企业经济效益大幅好转，已具备向国家分红的条件，应在规范国有企业利润上缴制度的基础上，依据教育优先的指导原则，将国有企业上缴利润中的一定比例（如 10%）用于教育投入。

三是要明确责任主体，构建国家财政性教育经费稳步增长的政府分担机制。我国地域辽阔、政府级次偏多，而且地区间发展非常不均衡。为确保"4%"目标的顺利实现，需要明确国家财政性教育经费的主要责任主体，全国通盘考虑，统筹规划，建立合理的经费分担机制。按照《教育规划纲要》中提出的"加强省级政府教育统筹"的要求，明确省级政府作为我国国家财政性教育经费的主要承担主体，改变目前地方财政性教育投入主要依赖县级政府的做法。完善中央对各级地方政府的教育转移支付制度，建立国家财政性教育经费地区间横向转移支付制度，确定合理的经费分担机制，加强地区互助。

二、推进教育财政改革，构筑用好"4%"的政策与制度保障

用好"4%"的关键，在于不断推进教育财政改革，依据国家教育事业发展目标，明确教育经费投入重点；创新教育经费拨付机制，建立健全教育经费管理、监督与绩效评价制度，构筑确保教育经费发挥最大效益的政策制度保障。

一是优化财政性教育经费投入结构和教育资源配置。用好"4%"需要明确教育发展重点，围绕促进教育公平和提高教育质量这两大重点任务，将有限的财政性教育资金用在刀刃上，集中力量解决制约我国教育改革发展的瓶颈问题和事关人民群众切身利益的教育问题。要优化各级各类教育国家财政性教育经费投入比例，在将新增教育经费重点投向义务教育的同时，考虑到我国正处于工业化进程的关键时期，产业升级急需高技能人才，职业教育应得到高度重视，力争在"十二五"时期将职业教育财政性经费占 GDP 的比例提高到 0.6% 左右，加快我国基本公共教育服务体系和现代职业教育体系建设。采取有效措施促进省级财政重点支持本省农村和欠发达地区教育事业发展，推进基本公共教育服务均等化。加大对城市薄弱学校财政性教育经费投入力度，缩小校际发展差距。加强学校基础设施建设，改善办学条件，提高学校标准化、信息化和现代化水平，提高教师工资水平，改善教师待遇，切实加强教师专业化建设，形成支撑教育现代化的人才和物质基础。

二是创新财政性教育经费拨款体制机制，增强拨款的公正性、科学性和规范性。提高各级学校生均教育经费标准，增加基本经费拨款比重，适当削减各种专项拨款，探索建立以基本经费为主、奖励性和竞争性经费为辅的教育拨款制度。建立教育质量评价体系，将奖励性和竞争性经费拨款与学校教育质量评价挂钩，促进教育财政政策与教育发展政策的有机结合，构建科学的绩效拨款机制。设立高等教育拨款咨询委员会，促进高等教育拨款决策的科学化、民主化，建立公开、公正和高效率的经费分配机制。

三是完善财政性教育经费管理、监督和绩效评价制度。用好"4%"还在于如何管好"4%"，这需要坚持依法理财，完善财政性教育经费管理、监督和绩效评价制度，提高经费使用效益。全面推行财政性教育经费科学化、精细化管理。完善学校预算和财务管理制度，提高学校经费管理水平，有效防止教育经费被挤占挪用和违规使用。加强财政性教育经费监管，构建包含人大和政协监督、审计监督、财政监督、教育行政监督和社会监督相互促进的多层次监督体系。严格财政性教育经费审计，重点完善对教育主管部门和各级学校校长责任审计制度，严肃查处截留、挤占和挪用教育经费行为。健全财政性教育经费信息公开制度，将经费预算、使用和审计结果向社会公开，确保各级政府和学校管好、用好教育经费。以人才培养为核心，构建科学的多层面和多维度教育经费绩效评价体系，积极鼓励社会、专家和学生等通过多种方式参与教育经费绩效评价，提高教育经费使用效益。

后　　记

　　《国家教育事业发展第十二个五年规划》是贯彻落实《国家中长期教育改革和发展规划纲要（2010—2020年)》的第一个五年规划，也是《教育规划纲要》的启动计划和行动计划。教育部党组高度重视规划编制工作，成立了由袁贵仁部长任组长、鲁昕副部长任副组长、各有关司局负责同志为成员的领导小组，自2009年10月份开始正式启动规划编制工作。2012年6月，《教育"十二五"规划》正式发布。学习好、实施好《教育"十二五"规划》，推进"十二五"教育事业优先发展和科学发展，为经济转型和产业升级提供智力支撑和人才支持，对于实现《教育规划纲要》和《国家"十二五"规划纲要》目标任务，具有重要意义。

　　为做好《教育"十二五"规划》的学习宣传工作，教育部组织各有关司局及研究机构编写了《〈国家教育事业发展第十二个五年规划〉学习辅导读本》，对《教育"十二五"规划》编制的背景、过程，以及"十二五"时期教育改革发展目标、主要任务、重大政策措施等内容作了全面、深入的阐述和解读，并收录了九篇专家解读文章，为各级政府、社会各界和广大教育战线提供参考。

　　参与本书编写的有（按姓氏笔画排序）：于洋、于兴国、万丽君、马雷军、王立、王磊、王薇、王大泉、王小飞、王正科、王雪涛、方永生、卢逊、田露露、冯佳、朱小萍、朱宝铜、华成刚、刘月霞、刘宏杰、刘彦波、江嵩、安雪慧、苏红、李明、李彬、李智、李楠、李彦莉、李渝红、李新发、李德芳、杨志刚、杨润勇、吴霓、吴爱华、何京华、沙玛加甲、张芯、张雪、张智、张磊、张拥军、张总明、陈星、苟人民、范唯、林宇、林世员、欧百钢、周为、周天明、周德茂、郑真江、赵卫、赵静、赵玉霞、赵应生、赵建军、郝雅梅、荣雷、柳夕浪、钟贤坤、姚发明、晁桂明、郭佳、郭鹏、郭春鸣、陶洪建、黄伟、黄小华、曹志芳、彭实、葛维威、韩筠、韩燕凤、舒刚波、蔡妍、谭玉林、翟刚学。

参加本书审稿的有：续梅、孙霄兵、黄兴胜、柯春晖、谢焕忠、宋德民、陈锋、管培俊、廖舒力、田祖荫、徐孝民、胡延品、王定华、申继亮、李天顺、刘昌亚、姜瑾、葛道凯、王继平、刘建同、王扬南、张大良、刘贵芹、刘桔、王洪元、何秀超、阿布都、张强、何光彩、许涛、王登峰、廖文科、刘培俊、冯刚、王延觉、雷朝滋、高润生、王建国、张浩明、王辉、郭新立、陈盈辉、生建学、曾天山、杨银付。

全书由谢焕忠、陈锋同志负责统稿，周天明、李正华、孙长城、石斌、许琳、翁羽、郭静等同志参与了统稿工作。教育科学出版社对本书的出版给予了大力支持，特此致谢。

编　者

2012 年 6 月

出 版 人　所广一
责任编辑　刘明堂　何 艺　孔 军
版式设计　沈晓萌
责任校对　贾静芳
责任印制　曲凤玲

图书在版编目（CIP）数据

《国家教育事业发展第十二个五年规划》学习辅导读本／中华人民共和国教育部编. —北京：教育科学出版社，2012.8（2013.1重印）

ISBN 978 - 7 - 5041 - 6909 - 9

Ⅰ.①国…　Ⅱ.①中…　Ⅲ.①教育规划—中国—2011～2015—学习参考资料　Ⅳ.①G520.1

中国版本图书馆 CIP 数据核字（2012）第 177502 号

《国家教育事业发展第十二个五年规划》学习辅导读本
GUOJIA JIAOYU SHIYE FAZHAN DI SHIER GE WUNIAN GUIHUA XUEXI FUDAO DUBEN

出版发行	**教育科学出版社**			
社　　址	北京·朝阳区安慧北里安园甲9号	**市场部电话**	010 - 64989009	
邮　　编	100101	**编辑部电话**	010 - 64989419	
传　　真	010 - 64891796	**网　　址**	http://www.esph.com.cn	
经　　销	各地新华书店			
制　　作	北京金奥都图文制作中心			
印　　刷	保定市中画美凯印刷有限公司			
开　　本	148 毫米×210 毫米　32 开	版　　次	2012 年 8 月第 1 版	
印　　张	9.375	印　　次	2013 年 1 月第 5 次印刷	
字　　数	180 千	定　　价	25.00 元	

如有印装质量问题，请到所购图书销售部门联系调换。